Comércio
e Contratos
Eletrônicos

Aspectos Jurídicos

"O livro é a porta que se abre para a realização do homem."
Jair Lot Vieira

LUIS HENRIQUE VENTURA
Advogado – Conferencista – Professor Universitário

COMÉRCIO E CONTRATOS ELETRÔNICOS

ASPECTOS JURÍDICOS

2ª Edição
Revista e Atualizada

COMÉRCIO E CONTRATOS ELETRÔNICOS
ASPECTOS JURÍDICOS
LUIS HENRIQUE VENTURA

© desta edição: Edipro Edições Profissionais Ltda. – CNPJ nº 47.640.982/0001-40

2ª Edição 2010 – Revista e atualizada

Supervisão editorial: *Jair Lot Vieira*
Coordenação editorial: *Maíra Lot Vieira Micales*
Produção editorial: *Murilo Oliveira de Castro Coelho*
Edição e produção gráfica: *Alexandre Rudyard Benevides*
Revisão: *Ricardo Virando* e *Luana da Costa Araújo Coelho*
Arte: *Camila Treb*

**Dados de Catalogação na Fonte. (CIP) Internacional
(Câmara Brasileira do Livro, SP, Brasil)**

Ventura, Luis Henrique
  Comércio e contratos eletrônicos : aspectos jurídicos / Luis Henrique Ventura ; supervisão editorial Jair Lot Vieira. -- 2. ed. -- Bauru, SP : EDIPRO, 2010.
  Bibliografia.
  ISBN 978-85-7283-691-3
  1. Comércio eletrônico 2. Comércio eletrônico - Brasil 3. Contratos 4. Contratos - Brasil 5. Direito comercial 6. Direito comercial - Brasil 7. Internet (Rede de computadores) I. Vieira, Jair Lot. II. Título.

10-04469   CDU-347.74:004.738.5

Índices para catálogo sistemático:
1. Contratos eletrônicos : Comércio eletrônico : Direito comercial 347.74:004.738.5

edições profissionais ltda.
São Paulo: Fone (11) 3107-4788 – Fax (11) 3107-0061
Bauru: Fone (14) 3234-4121 – Fax (14) 3234-4122
www.edipro.com.br

Ao
meu filho
Luis Nelson
que nasceu junto com este trabalho.

Aos meus pais,
Alfredo *e* **Rejane***,*
com todo meu amor, respeito, admiração e eterna gratidão.

A
Thomas B. Felsberg
por ter me proporcionado oportunidades de estudo dos aspectos jurídicos do comércio eletrônico.

A
Maristela Basso
como prova de admiração e gratidão pelo apoio e amizade.

Sumário

PREFÁCIO À SEGUNDA EDIÇÃO 11
PREFÁCIO À PRIMEIRA EDIÇÃO 13
1. INTRODUÇÃO 15
2. COMÉRCIO ELETRÔNICO E DIREITO ELETRÔNICO 17
    2.1. Conceito de Comércio Eletrônico 17
    2.2. Natureza Jurídica da Internet 18
    2.3. O Direito Eletrônico 20
    2.4. A Lei Modelo da UNCITRAL 21
    2.5. O Projeto de Lei de Autoria da OAB/SP 21
        2.5.1. Sistemas de Certificação 22
        2.5.2. As Entidades Certificadoras 23
        2.5.3. Regulamentação e Fiscalização pelo Poder Judiciário   24
        2.5.4. Não Criação de Novos Tipos Penais 24
    2.6. A Legislação Brasileira sobre Negócios Eletrônicos 26
    2.7. Outras Questões sobre o uso da Internet 27
    2.8. O papel do Governo na Evolução do Comércio Eletrônico 27
3. CONTRATOS POR MEIO ELETRÔNICO E A LEGISLAÇÃO 29
    3.1. Contratos por Meio Eletrônico e o Código Civil 29
        3.1.1. Princípios Gerais 29
            3.1.1.1. Liberdade de Contratar e Função Social do Contrato ... 29
            3.1.1.2. Probidade e Boa-Fé 30
            3.1.1.3. Interpretação mais Favorável ao Aderente .. 30

3.1.2. Formação dos Contratos Eletrônicos 31
    3.1.2.1. Contratos entre Presentes ou Ausentes 31
    3.1.2.2. Oferta ao Público 33
    3.1.2.3. Recebimento da Aceitação 34
3.1.3. Contrato Preliminar 34
3.2. Contratos por Meio Eletrônico e o Código de Defesa do Consumidor 34
    3.2.1. Publicidade 35
    3.2.2. Oferta 35
    3.2.3. Aceitação e Vinculação 36
    3.2.4. Possibilidade de Desistência 36
    3.2.5. Contratos de Adesão 36
3.3. Os contratos eletrônicos na Lei Modelo da UNCITRAL 37
3.4. Contratos Eletrônicos no Projeto de Lei de Autoria da OAB/SP 38
    3.4.1. Da Contratação Eletrônica 38
    3.4.2. Da Eficácia Jurídica dos Documentos Eletrônicos 39

4. PARTICULARIDADES DO DIREITO CONTRATUAL ELETRÔNICO 41
4.1. Princípios de Direito Contratual Eletrônico 41
    4.1.1. Identificação 41
    4.1.2. Autenticação 41
    4.1.3. Impedimento de Rejeição 42
    4.1.4. Verificação 42
    4.1.5. Privacidade 42
4.2. Condições de Validade do Contrato Eletrônico 42
    4.2.1. Agente Capaz 42
    4.2.2. Objeto Lícito, Possível, Determinado ou Determinável ... 43
    4.2.3. Forma Prescrita ou Não Defesa em Lei 43
4.3. Formação dos Contratos 44
4.4. Os Contratos como Títulos Executivos Extrajudiciais 44

Sumário

5. CONTRATOS ELETRÔNICOS E O MERCADO FINANCEIRO E DE CAPITAIS 47
   5.1. Mercado Financeiro 47
   5.2. Mercado de Capitais 47
   5.3. Semelhanças e Diferenças entre o Mercado Financeiro e o de Capitais 48
   5.4. Negociações Eletrônicas e o Mercado Financeiro e de Capitais 48
   5.5. A Competência da CVM e do BC para Regular a Negociação Eletrônica de Títulos 49
   5.6. Diferenças entre um Contrato Eletrônico no Mercado Financeiro e no Mercado de Capitais 50
   5.7. Conclusões 51

6. CONTRATOS ELETRÔNICOS INTERNACIONAIS 53
   6.1. O Que é um Contrato Internacional? 53
   6.2. Eficácia do Meio Eletrônico nas Contratações Internacionais 54
      6.2.1. A Obrigatoriedade dos Contratos *Clickwrap* 55
   6.3. Determinação da Lei Aplicável 56
   6.4. Conclusões 56

7. SEGURANÇA JURÍDICA NA INTERNET 57
   7.1. Principais Preocupações 57
   7.2. Problemas e Soluções 58
   7.3. Protegendo Informações e Obras 59
   7.4. Análise Jurídica de *Web Sites* 63
   7.5. Conclusões 64

8. CONSIDERAÇÕES FINAIS 65
   8.1. Vantagens 65
   8.2. Riscos 65
   8.3. Últimas Sugestões 66

9. APÊNDICE 69
   9.1. Nota Conjunta dos Ministérios das Comunicações e da Ciência e Tecnologia (junho de 1995) 69

9.2. Norma nº 004/1995 do Ministério das Comunicações – *Uso de meios da rede pública de telecomunicações para acesso à Internet* 72

9.3. Lei Modelo da UNCITRAL 75

9.4. Projeto de Lei nº 1.589/1999 (Projeto da OAB/SP) – *Dispõe sobre o comércio eletrônico, a validade jurídica do documento eletrônico e a assinatura digital, e dá outras providências* 83

9.5. Decreto nº 3.587, de 5 de setembro de 2000 – *Estabelece normas para a Infraestrutura de Chaves Públicas do Poder Executivo Federal – ICP-Gov, e dá outras providências* 96

9.6. Decreto nº 3.714, de 3 de janeiro de 2001 – *Dispõe sobre a remessa por meio eletrônico de documentos a que se refere o art. 57-A do Decreto nº 2.954, de 29 de janeiro de 1999, e dá outras providências* 103

9.7. Decreto nº 4.829, de 3 de setembro de 2003 – *Dispõe sobre a criação do Comitê Gestor da Internet no Brasil – CGI.br, sobre o modelo de governança da Internet no Brasil, e dá outras providências* 104

9.8. Lei nº 11.419, de 19 de dezembro de 2006 – *Dispõe sobre a informatização do processo judicial; altera a Lei nº 5.869, de 11 de janeiro de 1973 – Código de Processo Civil; e dá outras providências* 108

9.9. Sentença Proferida em *Habeas Corpus* 115

9.10. Resolução CGI.BR/RES/2008/008/P, de 28 de novembro de 2008 – *Dispõe sobre Procedimentos para Registro de Nomes de Domínio* 118

9.11. Resolução CGI.BR/RES/2010/001/P, de 22 de fevereiro de 2010 – *Dispõe sobre a aplicação tempestiva dos recursos do CGI.br hoje depositados na FAPESP e dá outras providências* 126

10. GLOSSÁRIO DE TERMOS DE COMÉRCIO E CONTRATOS ELETRÔNICOS 129

BIBLIOGRAFIA 160

PREFÁCIO À SEGUNDA EDIÇÃO

A revolução dos meios tecnológicos proporcionou um impacto relevante no modo de tradicional de pactuar. O comercio eletrônico já é realidade para a grande maioria. Não vivemos apenas uma revolução tecnológica, mas também econômica, com reflexos e efeitos culturais. A Internet conecta milhares de pessoas ao redor do planeta, permitindo a comunicação e troca de informações entre diversas culturas e em espaço de tempo nunca antes imaginável. Ficamos fascinados pelas possibilidades despertadas pelos negócios eletrônicos.

Por ser tema recente, muitas vezes desconhecido por grande parcela da população, nascem complicações e obstáculos ao longo do caminho, que devem ser superados por nós, profissionais do Direito, ao nos dispormos com o assunto.

Foi com grande honra e enorme satisfação que recebi do Dr. Luis Henrique Ventura a responsabilidade de prefaciar a segunda edição dessa obra jurídica, que nos engrandece por suas palavras.

Abordando a importância dos contratos celebrados através dos novos meios eletrônicos, este trabalho percorre não somente os conceitos necessários ao entendimento do tema, como também delineia os princípios contratuais aplicados aos meios eletrônicos.

Dr. Luis Henrique Ventura cuidou ainda de mostrar as particularidades encontradas nos Contratos Eletrônicos, como a identificação e autenticação em meio eletrônico, tema que é de suma importância para o estudioso que se interessa pelo moderno Direito Contratual.

Nas páginas que se seguem, encontramos excelente abordagem sobre os contratos eletrônicos internacionais, levando em conta a eficácia do meio eletrônico na realização destes acordos, versando sobre as questões de competência e vigência de leis específicas.

Prosseguindo, Ventura expõe em suas linhas importante assunto que muito interessa aos que se dispõem ao estudo do tema, tratando da segurança jurídica na Internet, com as preocupações mais pontuais que cercam as transações realizadas na grande rede.

E com grande orgulho que apresentamos esta obra que, com espírito moderno, tão valioso nesse meio, demonstra a importância do Comércio e dos Contratos Eletrônicos em nossos dias, que cotidianamente tem adentrado na vida dos consumidores, como também nos negócios como um todo e, portanto, merece ser desbravado pelos estudiosos do Direito.

Registramos os nossos cumprimentos ao Dr. Luis Henrique Ventura pela riqueza com que aborda o tema de grande interesse e muito atual.

São Paulo, janeiro de 2010.

Renato Opice Blum

*Advogado, Economista, Professor
e Autor sobre Direito Eletrônico*

Prefácio à Primeira Edição

Os contratos do comércio, hoje em dia, raramente se concluem conforme modelos consagrados pela doutrina clássica do Direito das Obrigações. Frequentemente as partes estão em países diferentes, comunicando-se através dos meios eletrônicos, ou dentro de um mesmo país, mas não sendo possível o encontro físico entre elas.

Não se pode ignorar; portanto, que a telemática facilita enormemente o comércio nacional e, principalmente, o internacional, alterando as consolidadas noções de tempo e espaço, exigindo que reexaminemos o Direito vigente, relendo suas normas segundo os fenômenos que pretendemos estudar, determinando os limites de aplicabilidade da norma existente a estes últimos.

Através dos sistemas eletrônicos de processamento e armazenamento de dados, os comerciantes atingem novas oportunidades e, consequentemente, realizam novos métodos de negócios. Frente à telecomunicação, a noção de "tempo real" se altera, porque a ela se associa a noção de "tempo de propagação" do sinal eletrônico que conduz a informação.

Um computador conectado a uma rede de telecomunicação adequada permite ao comerciante realizar transações comerciais antes mesmo da formalização dos dados contratuais, permitindo-lhe apresentar propostas, assim como aceitar outras, com mais rapidez e eficiência que o correio tradicional ou outros sistemas, como prospectos, catálogos e circulares. Ademais, a telemática oferece ao comerciante uma série de facilidades como, ampliar o alcance de marketing, reduzir a demora dos produtos em trânsito e as formalidades aduaneiras, facilitar as remessas e pagamentos, assim como inovar sistemas de gerência e distribuição.

Como se vê, a contratação através dos meios eletrônicos, tema deste livro, é novo e difícil, mas do qual não se pode fugir. A eletrônica produziu e está produzindo um impacto considerável no modelo tradicional de fazer negócios e, por via de consequência, sobre a regulamentação da atividade contratual. Muitos obstáculos devem ser vencidos, sendo fundamental o papel do jurista, exatamente como acontece neste estudo, no qual Luis Henrique Ventura enfrenta, com galhardia, as questões mais importantes e frequentes do comércio eletrônicos.

No que respeita à formação dos contratos eletrônicos, do ponto de vista legal, o autor aborda as principais questões das transações *on line*. Começa sua análise partindo da definição jurídica de comércio eletrônico, para, então, analisar as tendências legislativas internas (resoluções, projetos de leis, etc.) e internacionais sobre comércio eletrônico. Nesta perspectiva, examina a Lei Modelo da UNCITRAL e as Diretivas Europeias aplicadas. Importante é a comparação, apresentada no Capítulo 5, entre os contratos por meio eletrônico e o direito civil atual. Aspectos como privacidade *on line*, autenticação, forma dos contratos e condições de validade, além da repercussão do tema à luz do Projeto de Código Civil brasileiro, são enfrentados e as respostas apresentadas são objetivas e lúcidas.

Com a desenvoltura daqueles que conhecem o argumento tratado, o autor analisa os contratos eletrônicos internacionais, e dentre os seus vários aspectos, a polêmica em torno do seu momento e lugar de celebração. Questões palpitantes como essa, além das vantagens e riscos da contratação eletrônica, são tratadas por Luis Henrique Ventura neste livro que prima pela simplicidade, clareza e objetividade, assim como todos os novos temas devem ser tratados.

E quando o leitor acabar de ler este trabalho, talvez pense que eu deveria tê-lo elogiado mais frente às qualidades que tem e a novidade do tema.

São Paulo, janeiro de 2001.

Maristela Basso

Professora Livre Docente de Direito Internacional da Faculdade de Direito do Largo São Francisco (Universidade de São Paulo)

1
Introdução

Tudo que se refere a negócios eletrônicos e Internet tem despertado não só interesse, mas um verdadeiro fascínio entre as pessoas. Porém, tratam-se de temas bastante novos e até desconhecidos para a grande maioria dos brasileiros.

Há os que apregoam que, por se tratar de um meio de comunicação, assim como o telefone e o fax, a Internet não traz qualquer inovação no campo jurídico. Ela seria apenas uma forma nova de se fazer as mesmas coisas que já se fazia antes dela. Mas, será que isso é mesmo verdade?

É evidente que em meio a tantas novidades surgem também as dúvidas, notadamente no campo jurídico, na seara das legalidades. Do ponto de vista institucional e de regulamentação emergem diversas indagações, principalmente no espírito daqueles que anseiam por regras claras e bem definidas. Muitas delas encontram suas respostas na legislação em vigor. Outras permanecem sem ser respondidas.

No intuito de desenvolver meus conhecimentos na área do comércio eletrônico, encontrando, quem sabe, respostas para as minhas perguntas, e esperando poder contribuir com o desenvolvimento desta área no Brasil, participei do Comitê de Comércio Eletrônico da Associação Brasileira de Direito de Informática e Telecomunicações (ABDI), fiz parte do Advisory Board da revista *E-Commerce Law*, publicada pela Aspen Law & Business, nos Estados Unidos e tive a grata satisfação de compor a comissão da Ordem dos Advogados do Brasil, Secção de São Paulo que elaborou um anteprojeto de lei sobre comércio eletrônico, atualmente tramitando pelo Congresso Nacional sob a forma do Projeto de Lei nº 1.589/1999.

Além destas experiências, tive a felicidade de contribuir com alguns eventos pioneiros, nacionais e internacionais, organizados por diversas instituições, tais como a OAB, a Escola Superior de Advocacia, a ADPO, o IBC, a ABDI, a UFU, a UNICAMP e a FCESP, merecendo destaque o seminário Internacional sobre Comércio Eletrônico na América Latina, organizado pelo National Law Center for Inter-American Free Trade e realizado na sede da Organização dos Estados Americanos (OEA), em Washington D.C. (EUA), em 1999.

O presente trabalho baseia-se nessas experiências, em tendências globais, na bibliografia pertinente e na legislação brasileira regulatória do comércio eletrônico e das contratações pela Internet.

Não obstante esta exiguidade legislativa, tramitam alguns projetos de lei pelo Congresso Nacional, dentre os quais destaca-se o referido 1589, que foi proposto pela Ordem dos Advogados do Brasil – Secção de São Paulo, no dia 31 de agosto de 1999. Este projeto, que dispõe sobre o comércio eletrônico, a validade jurídica do documento eletrônico e a assinatura digital, segue algumas linhas mestras propostas pela UNCITRAL (Comissão das Nações Unidas para o Direito Comercial Internacional) em sua Lei Modelo sobre Comércio Eletrônico.

Apesar de ser um texto amplo e inovador, percebo que há algumas regras previstas neste projeto que precisam ser repensadas. O mesmo foi totalmente edificado sobre alguns pilares fundamentais, merecendo destaque a existência de um sistema de certificação de chaves públicas e privadas, a previsão de entidades certificadoras públicas e privadas onde somente a certificação por tabelionato teria fé pública, a regulamentação e fiscalização pelo Poder Judiciário e a não criação de novos crimes.

A finalidade do presente trabalho é demonstrar conceitos e tendências a respeito de Comércio Eletrônico, notadamente ao que se refere ao contrato por meio eletrônico, identificando pontos de adequação entre esta nova realidade e o Direito vigente, sugerindo alternativas às lacunas que foram por mim encontradas.

2
COMÉRCIO ELETRÔNICO E DIREITO ELETRÔNICO

2.1. Conceito de Comércio Eletrônico

É bem verdade que o comércio eletrônico é fruto da tecnologia, porém não é de tecnologia que estamos falando. A tecnologia é simplesmente um novo meio de se realizar uma das mais antigas atividades do homem: o comércio.

Antes de descer a detalhes, é necessário conceituar, juridicamente, o que seja comércio eletrônico. Segundo Cândido de Oliveira,[1] Comércio é *"a operação que consiste em comprar ou vender MERCADORIAS"*. Para De Plácido e Silva[2] Comércio é *"a soma de atos executados com a intenção de cumprir a mediação entre o PRODUTO e o consumidor, atos estes praticados habitualmente, com fito de lucro"*. O mais completo vocabulário jurídico do Brasil é o de autoria da professora Maria Helena Diniz[3] que, ainda, não contém a definição de Comércio Eletrônico. Porém, ela conceitua o Comércio Aéreo como sendo *"o comércio que se opera por meio de transporte em aeronaves"*. Partindo-se destes conceitos, poderíamos dizer que Comércio Eletrônico é, basicamente, a operação que consiste em comprar e vender mercadoria por meio eletrônico.

---

1. OLIVEIRA, Cândido de. *Dicionário Mor da Língua Portuguesa*. São Paulo: Livro'mor Editora.
2. SILVA, De Plácido e. *Vocabulário Jurídico*. Rio de Janeiro: Forense, 1985.
3. DINIZ, Maria Helena. *Dicionário Jurídico*. São Paulo: Saraiva, 1998.

Mas, o conceito de comércio eletrônico não pode se restringir apenas à compra e venda de mercadorias porque existe também a possibilidade de se prestar SERVIÇOS por meio de redes eletrônicas de comunicação à distância. Por conseguinte, quando se fala de comércio eletrônico refere-se tanto à compra e venda de bens quanto à prestação de serviços.

Logo, Comércio Eletrônico é a operação que consiste em comprar e vender mercadoria ou prestar serviço por meio eletrônico.

2.2. Natureza Jurídica da Internet

Após conceituar o que seja o comércio eletrônico, faz-se necessário definir o que seja a Internet, pois ela é o principal meio através do qual o comércio eletrônico se torna uma realidade.

No Brasil, a Internet surgiu juridicamente em 1995, ano em que foi publicada uma nota conjunta dos Ministérios das Comunicações e da Ciência e Tecnologia e a Norma nº 004 do Ministério das Comunicações. Trata-se, portanto, de atividade bastante recente. Mais recente que o Código de Defesa do Consumidor e que o Código Comercial.

Mas, qual seria a natureza da Internet? Ela seria um lugar ou um meio?

Se entendermos que a Internet é um lugar, muitas das questões já previamente definidas pelo Direito, tais como o foro competente, deveriam ser redesenhadas. Imagine um contrato celebrado entre uma empresa alemã e outra brasileira. Se a Internet é um lugar, onde seria assinado o contrato? A resposta, então, é nem no Brasil e nem na Alemanha, mas na Internet. A proposta e a aceitação também seriam realizadas na Internet. E, neste caso, como definir o foro?

A nota conjunta definiu a Internet, de forma bem incompleta, como sendo um conjunto de redes interligadas de abrangência mundial. Já para a Norma nº 004/1995, de forma mais ampla, Internet é o

> "nome genérico que designa o conjunto de redes, ou meios de transmissão e comutação, roteadores, equipamentos e protocolos necessários à comunicação entre computadores, bem como o 'software' e os dados contidos nestes computadores".

Parece evidente que a Internet nada mais é que um meio de comunicação, assim como o telefone e o fax.[4] Usando o exemplo anterior, podemos então perceber que a proposta pode ser realizada em um País e a aceitação em outro.

Obviamente que o foro de eleição soluciona este conflito, mas em não se havendo eleito nenhum foro para dirimir as questões que porventura sejam suscitadas em decorrência do contrato eletrônico, valerão as regras da legislação escolhida ou as regras de solução de conflito de normas, comumente usadas em Direito Internacional. O Prof. Newton de Lucca[5] comenta o seguinte:

> *"Dizer-se, por exemplo, que o mundo virtual é inteiramente diverso do nosso e que as nossas normas a ele não se aplicam me soa tão impróprio quanto afirmar-se exatamente o contrário, isto é, que as normas existentes têm inteira aplicabilidade e que nem precisaríamos nos preocupar com a edição de novas..."*

O fato é que a Internet é uma realidade que cresce assustadoramente. A cada dia mais e mais pessoas utilizam a Internet para realizar pesquisas, se comunicar, divulgar produtos, adquirir bens, celebrar contratos, fazer negócios. A revolução nas telecomunicações, impulsionada pela Internet, tem modificado a maneira pela qual as pessoas vivem e trabalham.

Pode-se citar alguns exemplos de atividades que uma enorme parcela dos brasileiros já tem utilizado costumeiramente em seu dia-a-dia e que todos aqueles que têm acesso à informática podem utilizar, tais como a declaração de rendimentos; *Internet Banking*; correio eletrônico; leitura de jornais e revistas; comércio eletrônico, etc.

Percebe-se que o comércio eletrônico é apenas uma das muitas atividades que podem ser realizadas através da Internet. E o impacto

---

4. Em sentença de primeira instância na comarca de Uberlândia, estado de Minas Gerais, o juiz Joemilson Donizetti Lopes indeferiu liminarmente um pedido de *habeas corpus*, por meio do qual a impetrante alegava estar impedida de exercer seu direito de ir e vir virtual, fundamentado na tese publicada na primeira edição deste livro, de que a Internet é meio e não lugar. A íntegra da sentença encontra-se em apêndice, no final deste livro.
5. DE LUCCA, Newton. "Contratos pela Internet e via computador. Requisitos de celebração. Validade e eficácia. Legislação aplicável. Contratos e operações bancárias". *RTRF 3ª Região*. Jan/mar/98, vol. 33.

disso tem sido tão profundo que, por influência dos norte-americanos, fala-se em *e-company*, *e-engineering*, *e-economy*, *e-business e-tc*.[6]

Entretanto, muitas condutas que, no Brasil, deveriam ser consideradas crimes ainda não são típicas. Não há, por exemplo, pena para um *Hacker* que invade um sistema, pois não há previsão legal de antijuridicidade para esta conduta.

2.3. O Direito Eletrônico

Quando surgiram os primeiros estudos jurídicos sobre Internet e Comércio Eletrônico, questionava-se muito sobre qual ramo do Direito pertenceria o comércio eletrônico.

Pode-se afirmar que o Comércio Eletrônico se realiza (principalmente) por meio da Internet e esta, por sua vez, é um meio de comunicação à distância. Logo, o Comércio Eletrônico tange o Direito das Telecomunicações.

Há negócios que são celebrados em âmbito internacional e, por conseguinte, o Comércio Eletrônico toca o Direito Internacional ou, mais especificamente, o Direito Comercial Internacional.

Mas, conforme vimos anteriormente, o núcleo da expressão "Comércio Eletrônico" é a palavra "comércio", e o ramo do Direito que disciplina o comércio é, sem sombra de dúvida, o Direito Comercial. Assim, obviamente, o comércio eletrônico é regulado também pelo Direito Comercial.

Porém, conforme anteriormente exposto, a definição de comércio eletrônico não se restringe apenas à compra e venda de mercadorias, pois existe também a possibilidade de se prestar SERVIÇOS através da rede eletrônica de comunicação à distância. Por conseguinte, quando se fala de comércio eletrônico refere-se a compra e venda de bens e serviços. Assim, nem sempre os contratos firmados por meio eletrônico têm natureza comercial. Por este motivo entendo que o Comércio Eletrônico deve se submeter, também, aos conceitos do Direito Civil.

---

6. Não se trata aqui de um erro de grafia. O autor redigiu etc., com hífen (e-tc.), propositalmente, fazendo referência ao "e-" de eletrônico. Seria um "etc. eletrônico".

Portanto, ora o comércio eletrônico é disciplinado pelo Direito Comercial, ora pelo Direito Civil, ora pelo Internacional, etc.

Essa mescla de ramos autônomos do Direito (se é que exista algum ramo do Direito que seja absolutamente autônomo...) faz surgir um ramo novo, que é chamado por uns de Direito Virtual, por outros de Direito Cibernético, mas, pela maioria, de Direito Eletrônico.

Este Direito Eletrônico é, portanto, um novo ramo do Direito que congrega outros ramos já consagrados e disciplina relações jurídicas oriundas do meio eletrônico. Trata-se, portanto, de um ramo autônomo, porém misto.

2.4. A Lei Modelo da UNCITRAL

Em 1996 a UNCITRAL (*United Nations Commission on International Trade Law*)[7] elaborou e divulgou uma Lei modelo de comércio eletrônico, que tem sido um ponto de partida para a legislação de muitos países.

Esta lei seria aplicável a todo tipo de informação em forma de mensagem de dados utilizada no contexto de atividades comerciais.

Ela tem um caráter internacional e visa promover a uniformidade de sua aplicação e a observância da boa fé.

Sua íntegra encontra-se em apêndice.

2.5. O Projeto de Lei de Autoria da OAB/SP

Em 1999 um grupo de advogados, inclusive o presente Autor, reuniram-se durante dias na sede da OAB de São Paulo, capital, com a missão de elaborarem um anteprojeto de lei que tratase sobre comércio eletrônico e que provocasse o Estado brasileiro a sair de uma inércia legislativa sobre este assunto.

Tão logo este anteprojeto ficou pronto, o então presidente da OAB/SP, Dr. Rubens Approbato Machado, o entregou ao então

---

7. Comissão da ONU em Direito Comercial Internacional.

presidente da Câmara dos Deputados, Dr. Michel Themer, que o encaminhou, transformando-o em Projeto de Lei, que recebeu o número de 1589, cuja íntegra encontra-se em apêndice.

Este Projeto de Lei foi totalmente edificado sobre alguns pilares fundamentais, dentre os quais destacam-se a existência de um sistema de certificação de chaves públicas e privadas, a existência de entidades certificadoras públicas e privadas onde somente a certificação por tabelionato teria fé pública, a regulamentação e fiscalização pelo Poder Judiciário e a não criação de novos tipos penais. Vejamos:

2.5.1. Sistemas de Certificação

O projeto se apoia em um sistema de certificação de chaves públicas e privadas. O art. 14, por exemplo, declara que *"considera-se original o documento eletrônico assinado pelo seu autor mediante sistema criptográfico de chave pública"*.

A título de curiosidade, vale a pena mencionar que a palavra "criptografia" normalmente é utilizada inadequadamente quando empregada para se referir a estes sistemas criptográficos por chaves. Isto porque criptografia, segundo Aurélio, *"é a arte de escrever em cifra ou em código"*. Portanto, criptografar é escrever em cifra ou em código.

Apenas para ilustrar, tomemos um exemplo bem simples. Um homem pretende enviar uma carta para sua amante, mas não quer que o marido dela, caso a intercepte, a leia e a compreenda. Então ele combina com ela um código, que somente eles conhecem. Ele diz que no lugar de letras escreverá números. Assim, o A será 1, o B será 2, o C será 3 e assim por diante. Logo, o código será o seguinte:

A	B	C	D	E	F	G	H	I	J	L
1	2	3	4	5	6	7	8	9	10	11

M	N	O	P	Q	R	S	T	U	V	X
12	13	14	15	16	17	18	19	20	21	22

Assim, ele criptografa para ela a seguinte mensagem: "5 20 - 19 5 - 1 12 14".

Ela, conhecedora do código, conseguirá ler a frase "eu te amo", enquanto que o seu marido, se interceptar a carta, não conseguirá entendê-la, pois, para ele, trata-se apenas de um amontoado de números sem o menor sentido.

Portanto, mesmo que de uma forma bem simples, isto é que é criptografia. Mas, não é isso que acontece quando escrevemos uma frase, que para nós faz algum sentido, e o computador a transforma em um código secreto para que este possa viajar com segurança pela rede e, mesmo que seja interceptada por algum *hacker*, não seja por ele entendida. É de se notar que no primeiro caso o emissor "criptografa" e no segundo caso ele apenas "grafa" e é o computador quem "encripta" a mensagem que foi escrita de forma correta. Comparando com o exemplo anterior, o emissor escreveria "eu te amo" e o computador transformaria esta mensagem (ou assinatura eletrônica) em um código (5 20 - 19 5 - 1 12 14) que, quanto mais complexo, mais ele se torna indecifrável.

Ocorre que o cerne da questão é que este sistema criptográfico por chaves, apesar de ser considerado, atualmente, o melhor e ser o mais usado, é simplesmente um dos meios de se garantir segurança e privacidade, podendo ser trocado por outro sistema mais avançado a qualquer momento. Nesta hipótese, o texto da lei (se aprovado conforme o projeto) ficaria desatualizado e, o que é pior, poderia dificultar a utilização de novas tecnologias.

2.5.2. As Entidades Certificadoras

Um outro ponto que merece atenção diz respeito à autenticação eletrônica por notários públicos. O art. 25 do Projeto de Lei nº 1.589 estabelece que *"o tabelião certificará a autenticidade de chaves públicas entregues pessoalmente pelo seu titular, devidamente identificado; o pedido de certificação será efetuado pelo requerente em ficha própria, em papel, por ele subscrita, onde constarão dados suficientes para identificação da chave pública, a ser arquivada em cartório"*.

A redação deste artigo tem causado algumas confusões. A ideia original era a de que somente os Cartórios teriam a atribuição de conferir fé pública a uma assinatura ou documento. Empresas especializadas em autenticação conferiram uma fé comercial aos documentos eletrônicos. Porém, todos nós sabemos que, infelizmente, a maioria dos cartórios ainda não está preparada para reconhecer eletronicamente firmas eletrônicas.

Uma grande crítica que se faz ao projeto é que ele já declara que as certificações feitas por entidades privadas não terão perante o Poder Judiciário a mesma força que uma realizada por Cartório. Talvez seria mais interessante deixar esta definição para a Jurisprudência...

2.5.3. Regulamentação e Fiscalização pelo Poder Judiciário

Outra crítica que se apresenta, repousa sobre o fato de que o Projeto de Lei visa atribuir ao Poder Judiciário a competência para regulamentar e fiscalizar as atividades de comércio eletrônico realizadas no Brasil. Parece que o Poder Judiciário não dispõe de pessoal e nem de competência técnica para isso. Será que não seria interessante que se seguisse a tendência de se criar uma agência reguladora? Assim como já existem a ANATEL (Agência Nacional de Telecomunicações), a ANP (Agência Nacional do Petróleo) e a ANEEL (Agência Nacional de Energia Elétrica), poderia ser criada a ANDEL (Agência Nacional da Documentação Eletrônica), com a finalidade de estabelecer regras e fiscalizar as atividades de comércio eletrônico. Afinal, as atividades previstas no art. 37 do Projeto (autorização, regulamentação, fiscalização e punição administrativa) são eminentemente administrativas, mais adequadas a uma autarquia que ao Poder Judiciário.

2.5.4. A Não Criação de Novos Tipos Penais

Sem aprofundar no tema "crimes na Internet", vale a pena destacar um ponto de vista que se relaciona com a natureza da Internet.

Parece evidente que a Internet nada mais é que um meio de comunicação, assim como o telefone e o fax. E, conforme já referido na introdução deste trabalho, em se tratando simplesmente de um meio, há os que apregoam que a Internet não traz qualquer inovação no campo jurídico. Ela seria apenas uma forma nova de se fazer as mesmas coisas que já se fazia antes dela. Por exemplo, caluniar em um jornal ou na televisão seria o mesmo que caluniar na Internet. Mas, será que isso é verdade? Pensemos, por exemplo, no crime de invasão de domicílio. Será que invadir uma casa é o mesmo que invadir um sistema? Qual dos dois atos é o mais grave?

Quem destroi dados de computador comete crime de dano? Sabe-se que o dano é a destruição dolosa de coisa alheia móvel ou imóvel. Dados de computador podem ser considerados coisa? O § 3º do art. 155 do Código Penal (Furto), equipara à coisa móvel a energia elétrica ou qualquer outra que tenha valor econômico. Não seria o caso de se criar um outro parágrafo, equiparando à coisa móvel as informações contidas em computador alheio? A tentativa de se disseminar vírus de computador não deveria ser considerada um crime de perigo?

É de se notar que existe no Brasil uma tendência de se adequar novas práticas aos crimes já conhecidos, haja vista o que se encontra esboçado no capítulo VII do Projeto da OAB. Foi pensando nessas e em outras questões que identifiquei algumas condutas já praticadas na Internet que ferem, nitidamente, a moral, a ética, os bons costumes e o sentimento comum de justiça. Porém, diante do princípio de que não se permite a analogia em prejuízo do acusado, estas condutas, para que sejam consideradas crimes, devem ser, antes de mais nada, típicas (previstas em lei). Acredito que a lei deveria dar um tratamento especial e considerar como criminosas algumas condutas que são efetivamente especiais, tais como a falsa identidade eletrônica, a invasão de sistema, o perigo de infecção por vírus, o dano a dados eletrônicos, o furto de informação ou de dados, a divulgação por meio eletrônico de conteúdo ilícito, etc.

Na minha modesta opinião, seria de grande valia o estabelecimento de um padrão internacional de legislação, estabelecendo o caráter internacional dos crimes praticados por meio eletrônico, exatamente como ocorre com o crime de tráfico internacional de drogas.

2.6. A Legislação Brasileira sobre Negócios Eletrônicos

Temas relacionados à Internet, tais como o Comércio Eletrônico, ainda são muito recentes. Da mesma forma, este novo ramo do Direito chamado de Direito Eletrônico, também é extremamente novo.

Para se ter uma ideia, o marco inicial da legislação sobre negócios eletrônicos no Brasil foi o ano de 1995, quando o Ministério das Comunicações e o Ministério da Ciência e Tecnologia, tendo em vista a necessidade de informar à Sociedade a respeito da introdução da Internet no Brasil, publicaram a nota conjunta dos ministérios das comunicações e da ciência e tecnologia. Naquele mesmo ano, o Ministério das Comunicações publicou a Norma nº 004/1995 que trata do uso de meios da rede pública de telecomunicações para acesso à Internet.

No dia 15.4.1998, foram publicadas a Resolução CG nº 001, que, dentre outras coisas, definiu regras para registro de nomes de domínio e a atribuição de endereços IP (Internet Protocol), bem como a manutenção de suas respectivas bases de dados na rede eletrônica; e a Resolução CG nº 002, de 15.4.1998, que estabeleceu que a execução das atividades relativas ao registro de nomes de domínios e atribuição de endereços IPs, que vinham sendo realizadas pela Fundação de Amparo à Pesquisa do Estado de São Paulo – FAPESP no âmbito do Projeto Rede Nacional de Pesquisas – RNP, permanecessem sob sua responsabilidade para todo o território nacional, delegando competência à FAPESP para realizar as atividades de registro de nomes de domínio, distribuição de endereços IPs e sua manutenção na rede eletrônica Internet.

No dia 5 de setembro de 2000, foi publicado o Decreto nº 3.587, que estabeleceu normas para a Infraestrutura de Chaves Públicas do Poder Executivo Federal – ICP-Gov, e deu outras providências.

No dia 3 de setembro de 2003, foi publicado o Decreto nº 4.829 que, dentre outras coisas, dispôs sobre a criação do Comitê Gestor da Internet no Brasil – CGI.br e sobre o modelo de governança da Internet no Brasil.

Mais recentemente, no dia 19 de dezembro de 2006 foi publicada a Lei nº 11.419 que dispôs sobre a informatização do processo judicial, alterando, inclusive, o Código de Processo Civil. Estas e outras normas são apresentadas na íntegra em apêndice.

2.7. Outras questões sobre o uso da Internet

Seria importante que, para encontrar as melhores soluções para os mais diferentes problemas que forem surgindo, nos desvestíssemos de preconceitos e de ideias antigas. Devemos ser ousados. Mais do que realistas devemos ser futurologistas. Mais do que reativos, devemos ser proativos. Temos que prever situações que ainda não existem, mas que podem existir. O conceito de se comprar um disco, por exemplo, está mudando. Comprar CD é quase coisa do passado. Afinal, já é possível copiar músicas na Internet, simplesmente realizando um download das canções que nos interessam.

Em um caso como este, como o consumidor lesado se defenderá? No Brasil há a inversão do ônus da prova; mas e se a compra for de caráter internacional? E nos casos em que não se configure uma relação de consumo, não seria interessante uma maior flexibilização dos meios de prova?

Seria legal ou conveniente que se cobrasse tributo por utilização da Internet? Afinal a Internet é uma via pela qual se realizam atividades comerciais. Neste sentido, seria possível a instituição de um pedágio eletrônico?

Como fiscalizar a tributação de compra e venda de bens e serviços totalmente realizada pela Internet?

Como identificar com precisão a pessoa que está do outro lado da linha? A teoria da aparência poderá ser aplicada aos negócios jurídicos celebrados por meio da Internet?

2.8. O papel do Governo na Evolução do Comércio Eletrônico

Neste mundo de mudanças radicais qual deve ser o papel do Governo?

Acima de qualquer coisa, o Governo, que utiliza da Internet para prestar seus serviços à comunidade, para relatar os seus feitos e realizar suas consultas, tal qual os exemplos bastante atuais e eficientes das consultas públicas da Anatel – Agência Nacional de Telecomunicações, da Delegacia de Polícia Virtual e da Receita Federal, deve, dentre outras ações de caráter geral: (i) informar, educando e oferecendo uma infraestrutura moderna e compatível com as melhores tecnologias; (ii) coibir os abusos e o mal uso da rede; e (iii) informar com ampla divulgação quais são as regras que norteiam a utilização da rede.

3
CONTRATOS POR MEIO ELETRÔNICO E A LEGISLAÇÃO

3.1. Contratos por Meio Eletrônico e o Código Civil

3.1.1. Princípios Gerais

Alguns princípios de direito contratual, por estarem expressamente previstos no Código Civil, merecem uma atenção especial. São eles: o princípio da liberdade de contratar, o princípio da função social do contrato, o princípio da probidade, o princípio da boa-fé e o princípio da interpretação mais favorável ao aderente.

3.1.1.1. Liberdade de Contratar e Função Social do Contrato

Por estarem previstos no mesmo artigo (421), ambos os princípios merecem ser analisados conjuntamente.

Conforme nos orientava a exposição de motivos do Projeto do Código Civil, o mesmo reconhece a "liberdade de contratar", porém condiciona seu exercício "em razão e nos limites da função social do contrato", repelindo o individualismo condenável.

A liberdade de contratar é, portanto, restrita. Conforme já nos ensinava o prof. Orlando Gomes,[8] *"a liberdade de contratar, propria-*

---

8. GOMES, Orlando. *Contratos*. Rio de Janeiro: Forense, 1999.

mente dita, jamais foi ilimitada. Duas limitações de caráter geral sempre confirmaram-na: a ordem pública e os bons costumes" e, agora, a função social do contrato.

Ainda seguindo as sábias lições do mestre Orlando Gomes, *"a liberdade de contratar manifesta-se sob tríplice aspecto: a) liberdade de contratar propriamente dita; b) liberdade de estipular o contrato; c) liberdade de determinar o conteúdo do contrato".*

É de se concluir, portanto, que as partes estariam livres, conforme os preceitos do art. 421, para celebrar contratos por meio eletrônico, desde que respeitada a função social do mesmo e atendendo-se às exceções previstas em lei.

3.1.1.2. Probidade e Boa-Fé

O art. 422 do Código Civil estabelece que *"os contratantes são obrigados a guardar, assim na conclusão do contrato, como em sua execução, os princípios de probidade e boa-fé. "*

Esta é justamente a tendência atual no que diz respeito aos contratos eletrônicos. O próprio projeto de autoria da OAB/SP, prevê, em seu art. 2º, que a *interpretação da presente lei deve considerar o contexto internacional do comércio eletrônico, o dinâmico progresso dos instrumentos tecnológicos, e a **boa-fé** das relações comerciais"* (grifei).

Portanto, mesmo que os contratos sejam celebrados por meio eletrônico, pressupõe-se a boa-fé das partes e sua atitude proba nas transações eletrônicas, não se permitindo, portanto, a utilização dos meios eletrônicos para a celebração de contratos cujo objeto não seja lícito.

3.1.1.3. Interpretação mais Favorável ao Aderente

O art. 423 do Código Civil estabelece que *"quando houver no contrato de adesão cláusulas ambíguas ou contraditórias, dever-se-á adotar a interpretação mais favorável ao aderente".*

Esta regra de proteção ao hiposuficiente, já introduzida do Direito brasileiro pelo Código de Proteção e Defesa do Consumidor, valerá também para outras relações civis, que não de consumo.

Este preceito será muito útil nas contratações por meio eletrônico, pois frequentemente utilizam-se dos contratos de adesão.

3.1.2. Formação dos Contratos Eletrônicos

3.1.2.1. Contratos entre Presentes ou Ausentes

O art. 428, inciso I do Código Civil prevê que *"deixa de ser obrigatória a proposta se, feita sem prazo a uma pessoa presente, não foi imediatamente aceita,* **considerando-se também presente a pessoa que contrata por telefone, ou meio de telecomunicação semelhante**" (grifei).

O referido artigo inter-relaciona dois assuntos, que devem ser analisados separadamente. O primeiro deles diz respeito ao fato de ser ou não ser a Internet um meio de telecomunicação como o telefone. O segundo refere-se à questão de ser ou não ser, um contrato celebrado pela Internet, entre ausentes ou entre presentes.

Patrícia Scorzelli, em *A Comunidade Cibernética e o Direito*, descreve a diferença entre dados e telefonia. Ela explica o seguinte:

"Telefonia é o processo de transmissão da palavra falada ou de sons a distância através de cabos ou fios.

Dados são as informações transmitidas.

Verifica-se que, em termos de transmissão, não existe diferença alguma, posto que, no mesmo fio, voz e dados são transmitidos por intermédio dos fios telefônicos."

Data venia, permito-me discordar da referida autora, nos seguintes aspectos: primeiramente, a telefonia não mais depende de fios, haja vista a telefonia celular. Dizer que transmissão de dados e telefonia é a mesma coisa porque ambas caminham pelo mesmo fio é o mesmo que dizer que o carro e o motorista são a mesma coisa porque trafegam pela mesma estrada. Trata-se de conclusão das mais absurdas, haja vista, inclusive, o que determina a legislação pertinente (Lei Geral de Telecomunicações – nº 9.472/1997). Telefonia é serviço de telecomunicação, mas Internet não. Trata-se de serviço de valor adicionado.

O referido assunto é tratado nos arts. 60 e 61 da Lei nº 9.472, que dizem o seguinte:

> "Art. 60. Serviço de telecomunicações é o conjunto de atividades que possibilita a oferta de telecomunicação.
>
> § 1º. Telecomunicação é a transmissão, emissão ou recepção, por fio, radioeletricidade, meios ópticos ou qualquer outro processo eletromagnético, de símbolos, caracteres, sinais, escrito, imagens, sons ou informações de qualquer natureza.
>
> § 2º. Estação de telecomunicações é o conjunto de equipamentos ou aparelhos, dispositivos e demais meios necessários à realização de telecomunicação, seus acessórios e periféricos, e, quando for o caso, as instalações que os abrigam e complementam, inclusive terminais portáteis.
>
> Art. 61. Serviço de valor adicionado é a atividade que acrescenta, a um serviço de telecomunicação que lhe dá suporte e com o qual não se confunde, novas utilidades relacionadas ao acesso, armazenamento, apresentação, movimentação ou recuperação de informações.
>
> § 1º. Serviço de valor adicionado não constitui serviço de telecomunicações, classificando-se seu provedor como usuário do serviço de telecomunicações que lhe dá suporte, com os direitos e deveres inerentes a essa condição.
>
> § 2º. É assegurado aos interessados o uso das redes de serviços de telecomunicações para prestação de serviços de valor adicionado, cabendo à Agência para assegurar esse direito, regular os condicionamentos, assim como o relacionamento entre aqueles e as prestadoras de serviço de telecomunicações."

Portanto, o serviço de telefonia dá suporte ao serviço de Internet, mas com ele não se confunde.

Não restam dúvidas quanto ao fato de ter o Código Civil inovado ao rezar que *"considera-se também presente a pessoa que contrata por telefone, ou meio de telecomunicação semelhante".* Mas, conforme anteriormente explicado, Internet não se confunde com telefonia, não sendo, portanto, meios de comunicação semelhantes entre si.

A entrada em vigor do Código não solucionou a dúvida atualmente pendente, qual seja, se os contratos eletrônicos são celebrados entre presentes ou entre ausentes.

Apesar da previsão contida no art. 435, de que *"reputar-se-á celebrado o contrato no lugar em que foi proposto"*, faz-se necessário, em primeiro lugar, definir a natureza jurídica da Internet. Ela seria um lugar ou um meio?

Se entendermos que a Internet é um lugar, a proposta e a aceitação seriam realizadas na Internet. Neste caso, o contrato deveria ser considerado celebrado entre presentes, afinal, as partes encontrar-se-iam em um mesmo lugar (virtual): a Internet. Mesmo assim, ainda persiste uma dúvida: qual seria o foro competente para julgar as ações que porventura vierem a ser suscitadas em decorrência do contrato eletrônico, se as partes não elegeram nenhum?

Mas, se entendermos que a Internet é um meio, a proposta e a aceitação seriam realizadas em lugares diversos. Neste caso, o contrato deveria ser considerado celebrado entre ausentes e, conforme prevê o art. 435, reputar-se-á celebrado no lugar em que foi proposto.

Esta última hipótese parece ser a tendência, devendo-se fazer valer, portanto, as regras e teorias prevalecentes para o caso.

Seria interessante que uma lei sobre comércio eletrônico solucionasse a questão, declarando que a Internet é um meio e não um lugar.

3.1.2.2. Oferta ao Público

O art. 429 do Código Civil estabelece que *"a **oferta ao público** equivale a **proposta** quando encerra os requisitos essenciais ao contrato, salvo se o contrário resultar das circunstâncias ou dos usos"* (grifei).

Isto soluciona a questão referente aos *web sites*. Se um *web site* que propõe a venda de um bem ou a prestação de um serviço encerrar os requisitos essenciais ao contrato, estará caracterizada a proposta. Caso contrário, não.

Portanto, haverá que se analisar caso a caso, ou melhor, *site* a *site*. Alguns configurarão propostas bem definidas, outros não.

3.1.2.3. Recebimento da Aceitação

O art. 430 reza que *"se a aceitação, **por circunstância imprevista**, chegar tarde ao conhecimento do proponente, este comunicá-lo-á imediatamente ao aceitante, sob pena de responder por perdas e danos"*.

Qualquer circunstância imprevista, seja ela uma pane, um vírus, um *bug*, ou até mesmo um congestionamento na rede, que ocasionar o atraso no recebimento da aceitação por parte do proponente (*v.g.* empresa dona do *site*), acarretará para o proponente a obrigação de comunicar imediatamente o ocorrido, sob pena de arcar com perdas e danos.

3.1.3. Contrato Preliminar

O ar. 462 do Código Civil prevê que o *"contrato preliminar, exceto quanto à forma, deve conter todos os requisitos essenciais ao contrato a ser celebrado"*.

É, portanto, perfeitamente possível a celebração de contrato preliminar por meio eletrônico, desde que este contenha todos os requisitos essenciais do contrato a ser celebrado.

3.2. Contratos por Meio Eletrônico e o Código de Defesa do Consumidor

O Código de Proteção e Defesa do Consumidor (Lei nº 8.078, de 11 de setembro de 1990) prevê várias regras que disciplinam os contratos celebrados entre fornecedor e consumidor brasileiros.

Dentre estas, podem ser destacadas e adaptadas aos contratos eletrônicos, as seguintes:

3.2.1. Publicidade

Toda informação ou publicidade, suficientemente precisa, veiculada na Internet com relação a produtos e serviços oferecidos ou apresentados, obriga o fornecedor que a fizer veicular ou dela se utilizar e integra o contrato que vier a ser celebrado (art. 30).

É proibida toda publicidade enganosa ou abusiva, seja por meio de site ou de e-mails (art. 37).

Vale lembrar que constituem crimes contra as relações de consumo, sem prejuízo do disposto no Código Penal e leis especiais, com pena de detenção: (i) fazer afirmação falsa ou enganosa, ou omitir informação relevante sobre a natureza, característica, qualidade, quantidade, segurança, desempenho, durabilidade, preço ou garantia de produtos ou serviços (art. 66); (ii) fazer ou promover publicidade que sabe ou deveria saber ser enganosa ou abusiva (art. 67); e fazer ou promover publicidade que sabe ou deveria saber ser capaz de induzir o consumidor a se comportar de forma prejudicial ou perigosa a sua saúde ou segurança (art. 68).

3.2.2. Oferta

A oferta e apresentação de produtos ou serviços em qualquer *web site* devem assegurar informações corretas, claras, precisas, ostensivas e em língua portuguesa sobre suas características, qualidades, quantidade, composição, preço, garantia, prazos de validade e origem, entre outros dados, bem como sobre os riscos que apresentam à saúde e segurança dos consumidores (art. 31).

Se o fornecedor de produtos ou serviços recusar cumprimento à oferta, apresentação ou publicidade, contida em um *web site* ou em um *e-mail* publicitário por ele encaminhado, o consumidor poderá, alternativamente e à sua livre escolha: I – exigir o cumprimento forçado da obrigação, nos termos da oferta, apresentação ou publicidade; II – aceitar outro produto ou prestação de serviço equivalente; ou III – rescindir o contrato, com direito à restituição de quantia eventualmente antecipada, monetariamente atualizada, e a perdas e danos (art. 35).

3.2.3. Aceitação e Vinculação

Os contratos que regulam as relações de consumo não obrigarão os consumidores, se não lhes for dada a oportunidade de tomar conhecimento prévio de seu conteúdo, ou se os respectivos instrumentos forem redigidos de modo a dificultar a compreensão de seu sentido e alcance (art. 46). É por isso que os contratos por meio eletrônico devem ser redigidos de forma bastante clara e objetiva. No entanto, de qualquer forma, as cláusulas contratuais serão interpretadas de maneira mais favorável ao consumidor (art. 47).

As declarações de vontade constantes de escritos particulares, recibos e pré-contratos eletrônicos relativos às relações de consumo vinculam o fornecedor (art. 48). Porém, por entender que os contratos eletrônicos ainda não podem ser executados, chego à conclusão de que a execução específica prevista neste art. 49 não é cabível aos contratos eletrônicos.

3.2.4. Possibilidade de Desistência

O consumidor pode desistir do contrato, no prazo de 7 dias a contar de sua assinatura ou do ato de recebimento do produto ou serviço, sempre que a contratação de fornecimento de produtos e serviços ocorrer fora do estabelecimento comercial, especialmente por telefone ou a domicílio (art. 49). Por entender que a Internet é um meio e não um lugar, concluo que a expressão "estabelecimento comercial" não se refere a *web site* (estabelecimento comercial virtual), mas sim ao estabelecimento físico do fornecedor. Logo, esta regra de possibilidade de desistência vale para compras realizadas por meio da Internet. Vale lembrar que se o consumidor exercitar o direito de arrependimento previsto neste artigo, os valores eventualmente pagos, a qualquer título, durante o prazo de reflexão, serão devolvidos, de imediato, monetariamente atualizados (parágrafo único do art. 49).

3.2.5. Contratos de Adesão

No que tange aos contratos de adesão, o art. 54 estabelece que "contrato de adesão é aquele cujas cláusulas tenham sido aprovadas pela autoridade competente ou estabelecidas unilateralmente pelo fornecedor de produtos ou serviços, sem que o consumidor possa discutir ou modificar substancialmente seu conteúdo". Além disso, o § 4º determina que "as cláusulas que implicarem limitação de direito do consumidor deverão ser redigidas com destaque, permitindo sua imediata e fácil compreensão".

Esta modalidade de contrato é muito comum em *web sites* de comércio eletrônico, por meio dos quais o consumidor pode adquirir produtos ou serviços.

3.3. Os Contratos Eletrônicos na Lei Modelo da UNCITRAL

Dentre as diversas sugestões apresentadas por este modelo de lei, destacam-se as seguintes:

ART. 5º – RECONHECIMENTO JURÍDICO

Não se negará validade ou força obrigatória a um contrato pela única razão de haver sido celebrado por meio eletrônico.

ART. 6º – FORMA ESCRITA

Quando a lei exigir que um negócio seja celebrado por escrito, este requisito será satisfeito eletronicamente, desde que as informações permaneçam disponíveis e acessíveis, para uma consulta posterior.

ART. 7º – ASSINATURA

Nos casos em que forem exigidas as assinaturas das partes contratantes nos instrumentos contratuais, este requisito poderá ser dispensado se:

a) for utilizado um método eficaz de identificação das partes contratantes;

b) este método for suficientemente confiável e apropriado para as finalidades do negócio jurídico.

ART. 11 – FORMAÇÃO DOS CONTRATOS

Se as partes não convencionarem de maneira diversa, a oferta e aceitação poderão ser expressas eletronicamente.

ART. 15 - TEMPO E LUGAR DE ENVIO E RECEPÇÃO DE UMA MENSAGEM

Se as partes não convencionarem de maneira diversa, a mensagem será considerada enviada quando ela entra em um sistema de informação fora do controle do emissor e recebida nos seguintes casos:

a) Se o destinatário designou um sistema de informação para receber mensagens eletrônicas, a recepção acontecerá: (i) no momento em que a mensagem entrar no sistema designado; (ii) ou no momento em que a mensagem for recuperada pelo destinatário, quando esta entrar em outro sistema que não o designado.

b) Se o destinatário não designou um sistema de informação, a recepção acontecerá no momento de entrada da mensagem no sistema de informação do destinatário.

3.4. Contratos Eletrônicos no Projeto de Lei de Autoria da OAB/SP

No que se refere especificamente à matéria "Contratos Eletrônicos", o projeto dedicou o Capítulo IV (Da contratação eletrônica) do Título II e o Capítulo I (Da eficácia jurídica dos documentos eletrônicos) do Título III.

3.4.1. Da Contratação Eletrônica

A oferta pública de bens, serviços ou informações à distância deverá ser realizada em ambiente seguro, devidamente certificado (art. 6º).

Os sistemas eletrônicos do ofertante deverão transmitir uma resposta eletrônica automática, transcrevendo a mensagem transmitida anteriormente pelo destinatário, e confirmando seu recebimento (art. 7º).

O envio de oferta por mensagem eletrônica, sem prévio consentimento dos destinatários, deverá permitir a estes identificá-la como tal, sem que seja necessário tomarem conhecimento de seu conteúdo (art. 8º).

3.4.2. Da Eficácia Jurídica dos Documentos Eletrônicos

O art. 14 prevê que considerar-se-á original o documento eletrônico assinado pelo seu autor mediante sistema criptográfico de chave pública, considerando-se cópia o documento eletrônico resultante da digitalização de documento físico, bem como a materialização física de documento eletrônico original.

Estas cópias presumir-se-ão conformes ao original, quando autenticadas pelo escrivão na forma desta lei. A cópia não autenticada terá o mesmo valor probante do original, se a parte contra quem foi produzida não negar sua conformidade.

O art. 15 prescreve que as declarações constantes do documento eletrônico, digitalmente assinado, presumir-se-ão verdadeiras em relação ao signatário, desde que a assinatura digital:

a) seja única e exclusiva para o documento assinado;

b) seja passível de verificação;

c) seja gerada sob o exclusivo controle do signatário;

d) esteja de tal modo ligada ao documento eletrônico que, em caso de posterior alteração deste, a assinatura seja invalidada; e

e) não tenha sido gerada posteriormente à expiração, revogação ou suspensão das chaves.

A certificação da chave pública, feita pelo tabelião, na forma desta Lei, fará presumir sua autenticidade (art. 16). Já a certificação de chave pública, feita por particular será considerada uma declaração deste de que a chave pública certificada pertença ao titular indicado e não gerará presunção de autenticidade perante terceiros (art. 17).

Caso a chave pública certificada não seja autêntica, o particular, que não exerça a função de certificação de chaves como atividade econômica principal, ou de modo relacionado à sua atividade principal, somente responderá perante terceiros pelos danos causados quando agir com dolo ou fraude.

A autenticidade da chave pública poderá ser provada por todos os meios de direito, vedada a prova exclusivamente testemunhal (art. 18).

Presumir-se-á verdadeira, entre os signatários, a data do documento eletrônico, sendo lícito, porém, a qualquer deles, provar o contrário por todos os meios de direito (art. 19).

Após expirada ou revogada a chave de algum dos signatários, compete à parte a quem o documento beneficiar a prova de que a assinatura foi gerada anteriormente à expiração ou revogação. Entre os signatários, para estes fins, ou em relação a terceiros, considerar-se-á datado o documento particular na data:

I – em que foi registrado;

II – da sua apresentação em repartição pública ou em juízo;

III – do ato ou fato que estabeleça, de modo certo, a anterioridade da formação do documento e respectivas assinaturas.

Aplicar-se-ão ao documento eletrônico as demais disposições legais relativas à prova documental, que não colidam com as normas desta lei (art. 20).

4
PARTICULARIDADES DO DIREITO CONTRATUAL ELETRÔNICO

4.1. Princípios de Direito Contratual Eletrônico

Tradicionalmente, alguns princípios têm orientado todo o Direito Contratual, tais como a autonomia da vontade, a supremacia da ordem pública, o consensualismo, a relatividade dos contratos, a força obrigatória, a onerosidade excessiva e a boa-fé.

Mas, no que se refere aos contratos celebrados por meio eletrônico, surgem outros princípios que têm sido identificados por aqueles que estudam o tema. São eles: identificação, autenticação, impedimento de rejeição, verificação e privacidade.

4.1.1. Identificação

Para que um contrato eletrônico seja válido, as partes signatárias devem estar devidamente identificadas. O aceitante deve ter plena certeza de que o proponente é mesmo o proponente, e vice-versa.

4.1.2. Autenticação

As assinaturas eletrônicas das partes devem ser autenticadas por entidades (cartórios eletrônicos)[9] capazes de confirmar a identificação das partes.

---

9. A expressão "cartórios eletrônicos" é utilizada em sentido amplo, referindo-se a empresas privadas, idôneas e especializadas em certificação e autenticação eletrônicas e a notários públicos.

4.1.3. Impedimento de Rejeição

As partes não podem alegar invalidade do contrato alegando, simplesmente, que aquele foi celebrado por meio eletrônico.

4.1.4. Verificação

Os contratos devem ficar armazenados em meio eletrônico, possibilitando uma verificação futura.

4.1.5. Privacidade

Para que um contrato eletrônico seja válido ele deve ser celebrado em um ambiente que garanta a privacidade nas comunicações.

4.2. Condições de Validade do Contrato Eletrônico

Como negócio jurídico que é, o contrato deve satisfazer certas condições que digam respeito ao seu objeto, à sua forma e às suas partes. Conforme reza o art. 104 do Código Civil, essas condições de validade são: agente capaz; objeto lícito, possível, determinado ou determinável; e forma prescrita ou não defesa em lei.

Se estas são condições de validade dos contratos em geral, também são as condições de validade de um contrato por meio eletrônico. Ainda não existe nenhuma lei estabelecendo outras condições de validade especiais para o contrato eletrônico, tais como um ambiente seguro. Portanto, vale a pena analisar cada uma das condições existentes e sua adequação com as particularidades do contrato eletrônico.

4.2.1. Agente Capaz

Para que um contrato eletrônico seja válido é necessário que as partes contratantes sejam capazes. A confirmação desta capacidade é uma questão de segurança jurídica, que deve ser buscada por ambas as partes, através de processos de identificação segura, tais como os processos de assinatura eletrônica por meio de sistemas criptográficos de chave pública e chave privada (enquanto este for o melhor sistema).

4.2.2. Objeto Lícito, Possível, Determinado ou Determinável

O objeto de um contrato eletrônico deve ser lícito, ou seja, conforme a lei. Por esta razão, a importação de um software pela Internet, com pagamento via cartão de crédito ou outro meio, cujo valor importa tributação, mas sem o seu recolhimento, caracteriza uma ilicitude.

4.2.3. Forma Prescrita ou Não Defesa em Lei

A regra é a liberdade de forma. Mas, às vezes, a lei exige uma determinada forma para a validade dos contratos. Como por exemplo, o contrato de compra e venda de imóvel que deve ser realizado por escritura pública.

Muitas vezes a forma é só para facilitar a prova. O ato é válido, mas a sua forma facilita a prova. Esta é a forma *ad probationem*. Neste caso, a forma não é condição de validade do contrato. Quando a forma é indispensável para a validade do ato, trata-se de forma *ad solemnitatem*.

Portanto, se a forma dos contratos é livre, havendo algumas exceções previstas em lei, qualquer contrato pode ser celebrado por meio eletrônico, exceto aqueles sobre os quais a lei exige uma forma especial.

Assim, contratos que têm uma forma *ad solemnitatem* prevista em lei (*v.g.* compra e venda de imóvel) ainda não têm validade se realizados por meio eletrônico. Os demais, podem ser celebrados por meio eletrônico e a forma que adotarem será meramente *ad probationem*.

Além destas, que são as chamadas condições gerais e essenciais de validade dos contratos, existe ainda o **acordo de vontades**, que é a chamada condição específica. Para que seja comprovado o acordo de vontades, é necessário que a manifestação da vontade seja inequívoca, não bastando para tanto um único e simples "click" de *mouse*.

4.3. Formação dos Contratos

Os contratos se originam de dois atos ou manifestações de vontade: a proposta e a aceitação. A proposta, que se exige aos termos fundamentais do contrato, obriga o proponente ao seu integral cumprimento. Se houver desistência, ele responderá por perdas e danos. A aceitação pode ser expressa ou tácita. A manifestação de vontade nos contratos pode ser tácita toda vez que a lei não exigir que seja expressa.

O Código Civil (art. 435) considera celebrado o contrato no lugar em que foi proposto. Esta regra vale, inclusive, para negócios internacionais.

Com relação aos contratos eletrônicos, surgem indagações relacionadas ao fato de serem celebrados entre presentes ou entre ausentes. Em primeiro lugar, faz-se necessário definir a natureza jurídica da Internet. Ela seria um lugar ou um meio?

Se entendermos que a Internet é um lugar, a proposta e a aceitação seriam realizadas na Internet. Neste caso, o contrato deveria ser considerado celebrado entre presentes, afinal, as partes encontram-se em um mesmo lugar (virtual): a Internet.

Se entendermos que a Internet é um meio, a proposta e a aceitação seriam realizadas em lugares diversos. Neste caso, o contrato deveria ser considerado celebrado entre ausentes.

Este último caso parece ser a tendência, devendo-se fazer valer, portanto, as regras e teorias que melhor se adequem.

4.4. Os Contratos como Títulos Executivos Extrajudiciais

O art. 585, II, segunda parte, do Código de Processo Civil prevê o seguinte:

"São títulos executivos extrajudiciais: (...)

II – (...) o documento particular assinado pelo devedor e por duas testemunhas."

Portanto, um contrato particular, para ser título executivo extrajudicial, deve ter assinatura de duas testemunhas. O contrato eletrônico não é assinado por testemunhas. Logo, o contrato eletrônico não é considerado, no Brasil, um título executivo extrajudicial.

Seria o caso de se pensar em uma solução e de se propor a alteração do texto do nosso Código de Processo, aceitando a figura do Contrato Eletrônico devidamente certificado como título executivo extrajudicial.

5
CONTRATOS ELETRÔNICOS E O MERCADO FINANCEIRO E DE CAPITAIS

5.1. Mercado Financeiro

O Mercado Financeiro é um sistema onde se realizam operações financeiras, que lida com títulos de renda fixa (*v.g.* o CDB). Os principais contratos celebrados no Mercado Financeiro são: Câmbio, Venda de Obrigações Financeiras, Leasing, Operações com Certificado de Depósito Bancário, etc.

5.2. Mercado de Capitais

O Mercado de Capitais é um sistema de distribuição de valores mobiliários, que tem o propósito de proporcionar liquidez aos títulos de emissão de empresas e viabilizar seu processo de capitalização. Ele lida com títulos de renda variável (*v.g.* fundo imobiliário) e é constituído pelas bolsas de valores, sociedades corretoras e outras instituições financeiras autorizadas.

No mercado de capitais os principais títulos negociados são os representativos do capital de empresas (as ações) ou de empréstimos tomados, que permitem a circulação de capital para custear o desenvolvimento econômico.

O mercado de capitais abrange, ainda, as negociações com direitos e recibos de subscrição de valores mobiliários, certificados de depósitos de ações e demais derivativos autorizados à negociação.

O Mercado de Capitais é onde se dá a negociação de valores mobiliários. Há o mercado primário e o mercado secundário de títulos. É no mercado primário que as empresas obtêm recursos para seus investimentos, que os bancos obtêm recursos para financiar as empresas, etc. É no mercado secundário que os títulos, já existentes, se transferem de um proprietário para outro. Portanto, o mercado secundário é o ambiente onde ocorre a negociação dos valores mobiliários adquiridos no mercado primário.

O mercado secundário pode ser de balcão ou de bolsa de valores.

Os mercados disponíveis à negociação nas Bolsas de Valores são: à vista e derivativos (a termo e de opções).

5.3. Semelhanças e Diferenças entre o Mercado Financeiro e o de Capitais

Tanto o Mercado Financeiro quanto o Mercado de Capitais fazem parte do Sistema Monetário Nacional. A grande diferença entre ambos reside no fato de que no Mercado Financeiro negociam-se títulos representativos de dívidas. Em outras palavras, o Mercado Financeiro lida com títulos de renda fixa (*v.g.* o CDB). Já no Mercado de Capitais, negociam-se títulos de participação em investimentos. Ou seja, o Mercado de Capitais lida com títulos de renda variável (*v.g.* fundo imobiliário). É de fundamental importância lembrar que no Mercado Financeiro os contratos são firmados entre particulares e no Mercado de Capitais os contratos são firmados entre Corretoras, através das Bolsas. Logo, no Mercado de Capitais os particulares não se conhecem e, por via de consequência, não firmam contratos entre si, mas sim entre cada um deles e uma respectiva Corretora.

5.4. Negociações Eletrônicas e o Mercado Financeiro e de Capitais

Nos dias atuais, milhares de brasileiros, principalmente aqueles que têm acesso direto à informática, têm realizado diversas atividades por meio eletrônico, tais como o pagamento de imposto de renda, "*home banking*", correio eletrônico, leitura de jornais e revistas, etc.

Um novo conceito de realização de negócios no mercado de ações é o "*Home Broker*", que permite uma participação mais direta do investidor, conforme veremos a seguir.

Esta nova forma de investir dispensa a intermediação por parte do operador. O operador passa a ser o próprio investidor (usuário), que acompanha diretamente em seu monitor as posições das ações, podendo fazer suas ofertas de compra e venda em tempo real. Porém, ainda há a necessidade da existência das bolsas, que deixam de ser um ambiente físico e passam a ser um ambiente virtual.

Esta atividade é realizada com fundamento em instruções da CVM (Comissão de Valores Mobiliários), tais como a nº 220, de 15.9.1994, que não trata especificamente de negócio celebrado por meio eletrônico.

5.5. A Competência da CVM e do BC
para regular a Negociação Eletrônica de Títulos

A competência da CVM e do BC (Banco Central) emana da lei. A lei declara que ambas instituições, nas suas respectivas esferas, têm competência para regular a negociação de títulos. O fato de ser a negociação do título realizada por via eletrônica ou não é um mero detalhe.

Elas não teriam a competência de criar um título novo, sendo ele um título eletrônico ou não. Porém, negociar um título tradicional, por meio eletrônico, nada mais é do que cumprir a lei de uma forma nova. Neste caso, não há necessidade de atualização legislativa.

Assim, dentro de sua esfera de competência, a CVM ou o BC podem ou não regular a negociação eletrônica de títulos. Se a regularem, o mercado deverá obedecer os regulamentos traçados. Porém, se não a regularem, o mercado estará livre para utilizar desta nova forma de negociação, mas as entidades que a utilizarem e estimularem o seu uso estarão assumindo os riscos provenientes deste negócio.

5.6. Diferenças entre um Contrato Eletrônico no Mercado Financeiro e no Mercado de Capitais

O contrato é um negócio jurídico bilateral ou plurilateral. É um pressuposto de fato do nascimento de relações jurídicas, uma das principais fontes ou causa geradora das obrigações, o título de criação de nova realidade jurídica, constituída por direitos, faculdades, pretensões, deveres e obrigações, ônus e encargos. É o acordo de vontades que tem por fim criar, modificar ou extinguir direitos. Para que seja válido, todo contrato deve obedecer algumas condições de validade. Como condições gerais, todo contrato deve possuir partes capazes, objeto lícito e forma prescrita ou não defesa em lei. Como condição específica, todo contrato deve ser emanado de um acordo de vontades. Via de regra, a forma de todo contrato é livre, mas, às vezes, a lei exige uma determinada forma para a validade dos contratos. Por exemplo, o contrato de compra e venda de imóveis deve ser realizado por escritura pública. O mútuo consentimento tem que ser livre e espontâneo, mas a manifestação de vontades pode ser tácita, toda vez que a lei não exigir que seja expressa. Os contratos se originam de dois atos ou manifestações de vontade: a proposta e a aceitação. Toda proposta deve ser séria e toda aceitação pode ser expressa ou tácita, quando a lei não exigir que seja expressa.

Portanto, a regra é a liberdade de forma. Além disso, o nosso sistema legal, fundamentado no padrão do Estado Democrático de Direito adotado pela nossa Constituição Federal, adota a ideia da livre iniciativa, traduzido na liberdade de contratar, liberdade essa que implica na liberdade de celebrar contrato, na liberdade de escolher o outro contratante e na liberdade de determinar o conteúdo do contrato.

Se as partes estão livres para contratar o que quiserem, com quem quiserem, e na forma que quiserem, elas podem adotar a forma eletrônica de contratação. E é justamente esta forma eletrônica de contratação que caracteriza o contrato eletrônico. Não existe, desta feita, o contrato eletrônico propriamente dito ou o contrato eletrônico por excelência. O que há são contratos já consagrados, sejam típicos ou atípicos, que se realizam por uma forma nova, ou seja, nem verbal, nem escrita em um papel, mas escrita em meio eletrônico.

Para melhor entender esta sutileza é interessante conhecer a natureza jurídica da Internet, que é o principal meio através do qual os contratos eletrônicos se tornam uma realidade. Vale a pena repetir que para a Norma nº 004/1995, Internet é o *"nome genérico que designa o conjunto de redes, ou meios de transmissão e comutação, roteadores, equipamentos e protocolos necessários à comunicação entre computadores, bem como o 'software' e os dados contidos nestes computadores"*. Parece evidente que a Internet nada mais é que um meio de comunicação, assim como o telefone e o fax, e não um lugar (virtual) como alguns pretendem considerar.

Quando se fala em contratos por meio eletrônico no Brasil, surgem dois grupos: o dos que entendem não ser necessário o estabelecimento de uma nova legislação, porque nada muda simplesmente porque negócios são feitos por meio eletrônico; e o daqueles que pensam ser necessária a criação de novas leis, porque o comércio eletrônico proporciona novas situações jurídicas.

Feita esta, repetitiva porém enfática, introdução sobre contratos e a forma eletrônica de celebrá-los, cumpre iniciar a análise deste negócios jurídicos dentro das particularidades do Mercado Financeiro e de Capitais.

Conforme as regras do Banco Central e da CVM, os contratos têm que ser escritos. As ordens de compra e venda podem ser por telefone ou por meio eletrônico, desde que haja possibilidade de registro, seja em meio físico ou magnético.

Por força destas novas tecnologias e regulamentações, surgem novos conceitos de realização de negócios, tais como os que têm sido realizados no mercado de ações. Trata-se do já mencionado *"Home Broker"*, que é um meio eletrônico de se permitir que o investidor envie, automaticamente, através da Internet, ordens de compra e venda de ações.

5.7. Conclusões

Diante de todo o exposto, podemos chegar às seguintes conclusões:

1) O que caracteriza um contrato como eletrônico é, simplesmente, o meio (eletrônico) que ele se utiliza;

2) As regras estabelecidas para os negócios em geral, como por exemplo a intermediação das corretoras em bolsa para garantir a segurança das transações no mercado de capitais, também valem para os contratos eletrônicos;

3) As diferenças jurídicas relevantes entre um contrato tradicional no Mercado Financeiro e no Mercado de capitais são, basicamente, as seguintes: (i) O Mercado Financeiro lida com títulos de renda fixa e no Mercado de Capitais, negocia-se títulos de renda variável; (ii) No Mercado Financeiro os contratos são firmados entre particulares e no Mercado de Capitais os contratos são firmados entre Corretoras, por intermédio das Bolsas;

4) As diferenças jurídicas entre um contrato eletrônico no mercado financeiro e um contrato eletrônico no mercado de capitais são as mesmas que existem entre contratos tradicionais nos respectivos mercados.

Assim, pode ser que a tecnologia de negócios eletrônicos possa inovar, por exemplo, no sentido de se evitar alguns intermediários, porém trata-se de uma mudança no sistema que poderá ser considerada ilegítima se não houver uma mudança prévia nas normas deste sistema.

6

CONTRATOS ELETRÔNICOS INTERNACIONAIS

Definida a natureza jurídica da Internet como sendo um meio e não um lugar, resta-nos analisar a eficácia deste meio para a celebração de contratos no âmbito internacional. Porém, por uma questão didática, faz-se necessário definir o que seja o contrato internacional.

6.1. O que é um Contrato Internacional?

Segundo Celso Bastos e Eduardo Kiss:[10]

> "normalmente qualifica-se de internacional um contrato que se dá entre um proponente que se encontra em um país e um aceitante que se encontra em outro. Nestas condições, mais de uma ordem jurídica estaria apta a disciplinar o contrato. Isso significa dizer que há mais de um Estado, em tese, competente para considerar o seu direito o aplicável ao negócio, assim como mais de um Poder Judiciário em condições de dirimir uma possível controvérsia. Por outro lado, é preciso notar que proponente e aceitante podem estar no mesmo país, transacionando, contudo, bem que se encontra em outro, ou que aí deverá ser entregue. Vê-se, pois, que há mais de um caminho que permite a qualificação de um contrato como internacional. Ou seja, onde há algum elemento que se expõe à

---

10. BASTOS, Celso Ribeiro e KISS, Eduardo Amaral Gurgel. *Contratos Internacionais*. São Paulo: Saraiva, 1990.

disciplina de um segundo ou terceiro direito. Nessas condições, surge o problema de se saber qual deles vai efetivamente regular a espécie. À procura desse direito dá-se o nome de determinação da lei aplicável. É preciso, portanto, determinar, dentre as leis possíveis, qual aquela que, de fato, vai ser aplicada, visto que não é possível que o mesmo contrato seja simultaneamente regulado por diversas leis.

Portanto, o contrato internacional é sempre regulado por uma lei nacional – e não internacional – determinada a partir dos critérios fornecidos pelo direito internacional privado".

Vale a pena explicar que um contrato interno tem partes domiciliadas no país, cuja obrigação é exequível no país e tudo acontece internamente, ou seja, no país. Mas, se uma das partes for domiciliada no exterior, ou se o objeto tiver um caráter internacional (v.g. importação, exportação, câmbio), ou ainda, se por qualquer motivo houver a possibilidade de regulação pelo direito estrangeiro, o contrato será internacional.

6.2. Eficácia do meio Eletrônico nas Contratações Internacionais

Conforme explica Maristela Basso:[11]

"no que se refere aos contratos internacionais, o silêncio é, sem dúvida, um tema inquietante, e as soluções encontradas no direito interno, além de não satisfazerem, são muitas vezes conflitantes. Por isso, a Convenção de Viena sobre Compra e Venda Internacional de Mercadorias (1980) é categórica ao determinar que o 'silêncio ou inércia, por si só, não constituem aceitação' (art. 18, 1, in fine), o mesmo estando previsto nos 'Princípios do UNIDROIT' [art. 2.5 (1)]".

Logo, a manifestação da vontade nos contratos internacionais deve ser sempre expressa e inequívoca.

É sabido que a manifestação expressa não é sinônimo de manifestação escrita, mas em determinados casos a lei exige que o contrato seja celebrado na forma escrita. Porém, não havia o hábito de

---

11. BASSO, Maristela. *Contratos Internacionais do Comércio*. Porto Alegre: Livraria do Advogado, 1998.

se especificar "escrita em papel". Será que nestes casos os contratos escritos em meio eletrônico atendem a este requisito da lei? Será que até o advento da Telemática a lei não mencionava o papel por ser a lógica da época e, portanto, dispensável a menção?

Pelo menos, a tendência global é de que a exigência de ser celebrado por escrito é atendida pela celebração do contrato por meio eletrônico. É o que orienta a Lei Modelo da UNCITRAL e o Projeto de Lei da OAB/SP.

As dificuldades em se contratar por meio eletrônico vão aumentando na medida em que os contratos vão se tornando mais complexos. Há casos em que se exige, além das competentes assinaturas, a notarização (reconhecimento de firmas) do contrato, a sua Consularização (autenticação pelo Consulado competente), além de tradução oficial por tradutor juramentado. Parece muito complicado, mas não impossível, celebrar, atualmente, um contrato por meio eletrônico e, através deste mesmo meio, notarizá-lo, consularizá-lo e traduzi-lo. Além disso, há negociações que implicam na realização de vários contratos acessórios, como o câmbio, o financiamento e a carta de crédito documentário nas importações/exportações. Mas isso não exclui a possibilidade de que parte da negociação seja formalizada em papel e parte em meio eletrônico, desde que fiquem inequívocas e seguras as manifestações das vontades.

6.2.1. A Obrigatoriedade dos Contratos "Clickwrap"

Contratos *Clickwrap* são contratos de adesão, escritos em um *site*, onde o leitor expressa a aceitação de seus termos apenas com um *click* de *mouse*. Benjamin Wright e Jane Winn[12] explicam que eles *"requerem que o aceitante expresse uma ação, tal como o uso do mouse para clicar em um botão marcado com 'eu concordo', 'aceito', 'Ok', ou algum termo equivalente para manifestar sua aceitação"*.

Geralmente eles são usados para demonstrar que o leitor conhece as regras de uso de um site, as isenções de responsabilidade do fornecedor (*disclaimers*) ou que, pelo menos, teve a oportunidade de conhecê-las.

---

12. WRIGHT, Benjamin e WINN, Jane Kaufman. *The Law of Electronic Commerce*. New York: Aspen Law & Businness, 1999.

Logo, os contratos *clickwrap* não podem ser usados para a concretização de transações complexas, pois não há nada de complexo em um simples *click*. Quanto mais simples o contrato, mais simples pode ser a forma de manifestação de concordância com os seus termos, mas quanto mais complexo for aquele, mais complexa deve ser também a consequente manifestação de vontade, para que sobre a sua nitidez não paire nenhuma dúvida.

6.3. Determinação da Lei Aplicável

Sendo eficaz o meio eletrônico para se celebrar um contrato internacional, resta saber qual lei será aplicável às questões que advirem do mesmo, haja vista ser o contrato internacional sempre regulado por uma lei nacional determinada a partir dos critérios fornecidos pelo direito internacional privado. Por este motivo, pode ser que surjam conflitos entre legislações diferentes, que atribuem competências diferentes para regular o contrato.

Assim, para que se evitem este tipo de conflito, é aconselhável que as partes contratantes elejam a legislação, a jurisdição e o foro competentes para regularem as questões e solucionarem os conflitos advindos do contrato.

Esta cláusula de eleição de lei, jurisdição e foro pode estar inserida no corpo do contrato que será assinado eletronicamente ao final, ou poderá ser tratada como uma contratação independente, exigindo uma manifestação da vontade específica. Quanto mais nítida e inequívoca for a manifestação da vontade mais distante estará a declaração de nulidade do contrato ou da cláusula contratual.

Portanto, este tipo de declaração, que em muitos casos implica, inclusive, em renúncia a direitos, não pode ser manifesto apenas por um simples *"click"*, como nos contratos *"clickwrap"*.

6.4. Conclusões

A forma eletrônica de manifestação de vontades também é eficaz na celebração de contratos internacionais, tornando-se tanto mais complexa quanto maior a complexidade das negociações.

7
SEGURANÇA JURÍDICA NA INTERNET

Hoje em dia todas as empresas querem estar presentes no mundo virtual. Trata-se de um consenso de que toda empresa moderna, por força do fenômeno da globalização, deve se preocupar com dois temas importantes: **Internacionalização** e **Comércio Eletrônico**.

Porém, a maioria dos empresários simplesmente desenvolve um *web site* conforme suas necessidades e o coloca na Internet sem que o mesmo passe por uma análise jurídica prévia, expondo a empresa ao risco de se envolver em processos judiciais dispendiosos e desgastantes.

7.1. Principais Preocupações

A cultura de segurança de sistemas informatizados já é bastante difundida. Várias empresas já prestam este tipo de serviço, oferecendo ao mercado soluções modernas em segurança. Todo aquele que monta o seu sistema e o conecta a uma rede externa, como a Internet, sabe que suas preocupações básicas são os *hackers*[13] e os vírus. Para se precaver, as empresas mais prudentes instalam em seus sistemas as melhores e mais adequadas *firewalls*[14] e os melhores e atualizados antivírus.

---

13. *Hackers* são pessoas que, utilizando-se de altos conhecimentos técnicos, invadem computadores ou sistemas alheios, através da Internet, sem a devida autorização.
14. *Firewall*, ou parede de fogo, é um software que protege computadores conectados à Internet contra ataques de *hackers*.

Também há outros problemas que se remediam com soluções de caráter tecnológico, como a filtragem de conteúdo. Mas, mesmo na hora de elaborar sua política de segurança, a maioria das empresas se esquece de se proteger juridicamente.

Há consultores de informática que dizem, inclusive, que *"um firewall, um antivírus e um bom software anti-intrusão já trazem um bom nível de segurança para empresas"*[15]. Mas, isto não é verdade. Afinal, não adianta se cercar de soluções tecnológicas modernas e eficientes de segurança, se a empresa pode ser lesada, sob o ponto de vista econômico e, até mesmo, extrapatrimonial, por força de uma ação judicial.

A segurança de um sistema informatizado deve ser encarada como uma corrente. Cada ferramenta de segurança é um elo. Todos os elos devem ser muito fortes. Um destes fundamentais elos é a segurança jurídica.

7.2. Problemas e Soluções

Imagine um grande portal, onde diversos *banners*[16] e *links*[17] convidam o usuário para visitar diversos sites diferentes. O usuário chega ao site através do portal, seduzido, inclusive, pelos comerciais que o portal veicula nos mais diversos meios de comunicação. No site, o usuário adquire um miraculoso creme emagrecedor, que é vendido sem prescrição médica. Após usar algumas vezes o creme adquirido, o usuário percebe que não emagreceu nada e que sua pele, onde passou o creme, ficou terrivelmente manchada.

De quem seria a responsabilidade? O esperto advogado do usuário fatalmente processará os dois, tanto o site quanto o portal. Os administradores do portal, na melhor das hipóteses, passarão por um grande transtorno. Transtorno esse que poderia ter sido evitado se o conteúdo do portal tivesse passado por uma análise jurídica especializada.

---

15. Ricardo Valente, engenheiro de sistemas da Symantec, *in* Revista Internet Business, nº 49, setembro de 2001.
16. *Banner* é um anúncio de um site, exposto em outro site, através do qual o usuário, ao clicar sobre ele, acessa o site anunciado, deixando o site original.
17. *Links* são conexões que ligam um site a outro.

Assim, faz-se necessário que os sites orientem os usuários até onde vai a sua responsabilidade. Em certos casos nem isso adianta. Por isso mesmo que a análise jurídica deve ser personalizada. Portanto, deixar de consultar uma consultoria especializada é um problema grave para os administradores de *web sites*.

Outro grave problema é a consulta a profissionais de outras áreas, não especializados em Direito Eletrônico. Nestes casos a empresa corre o risco de despender valores com consultorias e, mesmo assim, continuar juridicamente desprotegida. Ou, ainda, juridicamente protegida, mas com um site complexo, pesado e inviável. Isto porque, infelizmente, há profissionais que não reconhecem a sua própria incapacidade ou, até mesmo de boa-fé, confiam nas tradicionais fórmulas que sempre deram certo no mundo real. Há que se lembrar que a Internet é uma nova realidade, que exige, por conseguinte, novas soluções para os novos problemas. A forma de redigir um contrato eletrônico, por exemplo, não pode ser a mesma de se redigir um contrato em papel. As informações na Internet devem ser expostas de maneira muito mais objetiva e precisa, contudo, sem perderem qualidade. Hoje já existem, inclusive, profissionais especializados em escrever para Internet, que são os chamados *web writers*.

Outros problemas que ocorrem com muita frequência são as cópias não autorizadas de informações e obras. Muitos disponibilizam informações na Internet, sem nenhuma proteção, e não querem que estas sejam copiadas por internautas.

7.3. Protegendo Informações e Obras

Imagine a seguinte situação: você tem em casa um colchão velho, do qual pretende se desfazer. Então você o coloca do lado de fora da casa, perto do suporte para se colocar lixo, imaginando que alguém possa passar por lá e levar o colchão. E é exatamente isso que acontece. Um mendigo, ao passar de fronte sua casa, decide levar com ele aquele colchão velho. Pergunto: que crime o mendigo cometeu? Obviamente que nenhum, pois o colchão estava lá com essa finalidade. Porém, bem próximo ao colchão, encontrava-se estacionada e trancada a sua motocicleta. Por ter gostado da moto, o mendigo também decide levá-la. Ele a destranca, faz uma ligação direta e a leva. Mais uma vez pergunto: que crime o mendigo cometeu? Claro que, neste caso, ele cometeu furto. Note-se que duas situações podem até parecer semelhantes, mas são bem diferentes. Entretanto, se a motocicleta estivesse desligada, com a chave no contato e com uma placa dizendo "para quem quiser levar", a situação seria a mesma e o mendigo que a levasse também não cometeria ilícito algum, pois haveria uma autorização expressa, excetuando a regra geral de não apropriação de coisa alheia móvel.

O mesmo acontece nos sites da Internet. Há pessoas que colocam informações, fotos, logomarcas, etc. em seu site como se elas fossem colchões velhos. Qualquer um pode passar, ver, gostar e copiar. Basta clicar com o botão direito do mouse sobre qualquer imagem que encontra-se exibida em um site desprotegido, que imediatamente aparece uma janela com a seguinte opção: "COPIAR". Ora, isso não é uma autorização expressa de cópia? Veja um exemplo na ilustração a seguir:

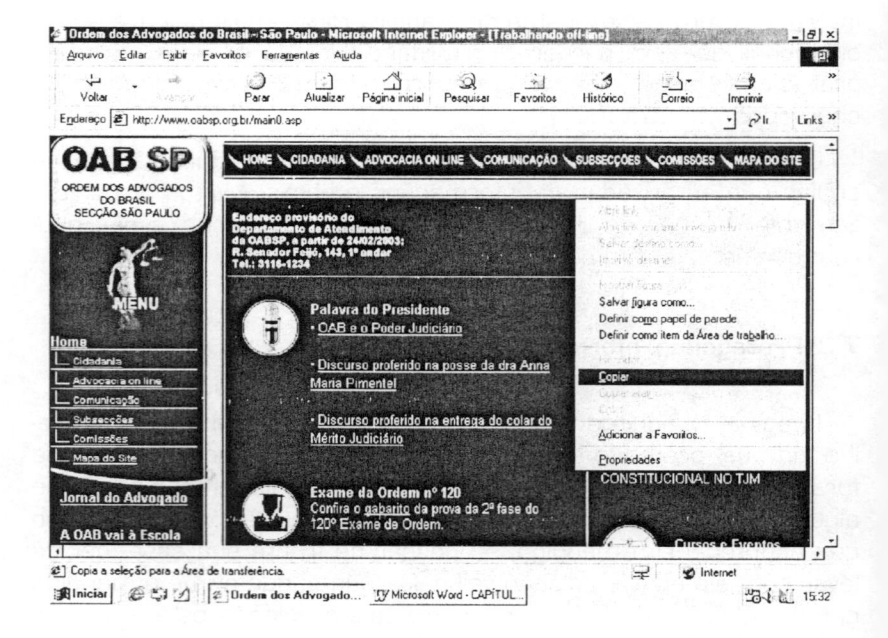

É de se concluir que, por força da forma com a qual o meio Internet foi construído, a autorização de cópia é a regra geral. Todo autor tem direito de abrir mão de seus direitos autorais, e quando ele publica sua obra em uma folha de papel em que está escrito "cópia autorizada", ele está abrindo mão de seu direito autoral. O mesmo acontece com a publicação, sem as devidas cautelas, no meio Internet que, como regra geral, autoriza cópias.

Entretanto, cautelas podem ser tomadas. Há pessoas que preferem proteger suas obras, tratando-as como se fossem a motocicleta trancada da parábola. Elas até podem ser copiadas, mas quem o fizer cometerá um ilícito. Assim, para proteger juridicamente esses dados contra cópias é necessário que o site tenha, pelo menos, duas coisas: aviso expresso e *script* de segurança. O aviso expresso é aquela frase que deve aparecer bem nítida, que diz que as imagens ali expostas são de propriedade privada e não podem ser copiadas. Já o *script* de segurança é um programa que bloqueia o botão direito do mouse contra cópias. Ao clicar com o botão direito do mouse sobre a imagem que deseja copiar, o usuário não se depara com uma autorização expressa de cópia, mas sim com um aviso de que é proibida a cópia. Veja a ilustração a seguir:

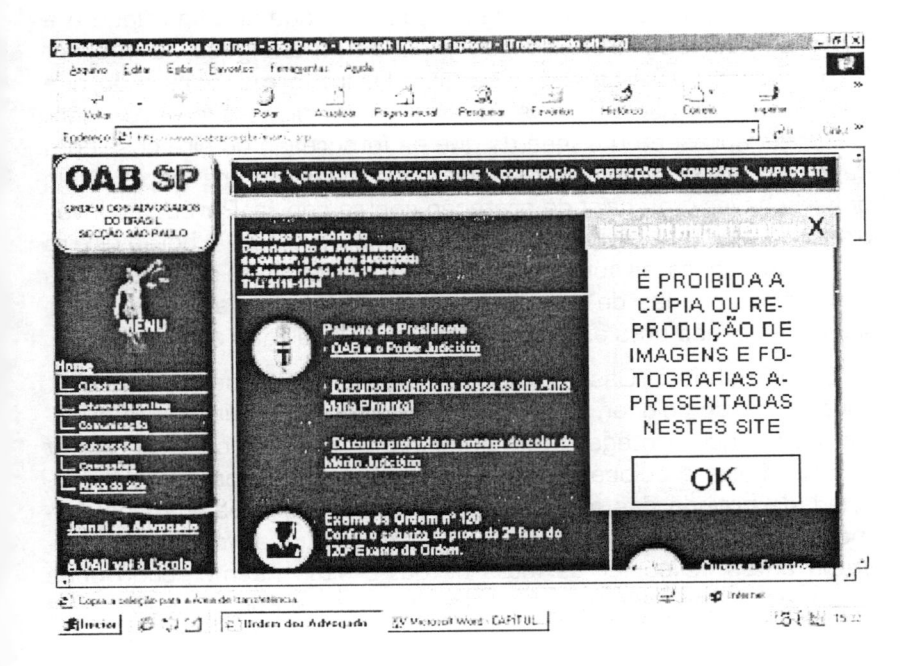

Neste caso, o usuário que copiar, o que não é tarefa difícil, o fará consciente de que está cometendo um ilícito.

Um fato concreto que tomei conhecimento foi o de um processo que a administradora de um site moveu contra a administradora de outro site, que oferece serviços similares aos prestados por ela. Visando resguardar os dados e informações das partes, vou chamar a primeira de Imobiliária Casa e a segunda de Imobiliária House.

A Imobiliária Casa criou um site (casa.com) de anúncios de imóveis, onde constam dados e fotografias sobre os imóveis que anuncia. A Imobiliária House também criou um site (house.com) para anunciar os imóveis sob sua responsabilidade. Coincidentemente, alguns anunciantes no site house.com já anunciavam no site casa.com.

A lide nasceu quando os administradores do house.com copiaram fotografias de casas anunciadas no casa.com e as colou em seu site. Sentindo-se lesada, a Imobiliária Casa promoveu uma ação de indenização contra a Imobiliária House. O principal argumento da Imobiliária Casa era a lesão de seus direitos autorais pela Imobiliária House.

Em sua defesa, a Imobiliária House argumentou, em primeiro lugar, que a Internet é um ambiente público e que sua finalidade é a troca de informações. Tudo que encontra-se divulgado na Internet faz presumir que é para uso e cópia. Desta forma, para tudo que não puder ser copiado deve haver uma proibição expressa. Além disso, ela apresentou a tese de que as fotografias do site casa.com deveriam estar tecnologicamente protegidas contra cópia. Nele poderia haver um *script* de proteção contra cópias. Porém, ao invés disso, quando o usuário do site casa.com clicava com o botão direito do mouse sobre as fotografias nele expostas, abria-se uma janela com várias opções de comando, inclusive a de copiar. "Ora, o que seria isso senão uma autorização expressa?", alegou a ré.

Se a Imobiliária Casa tivesse consultado um advogado especializado antes de colocar seu site no ar, certamente que este a orientaria para que protegesse as imagens de seu site com um *script* contra cópias e colocasse um aviso bem visível, informando a propriedade privada das fotos e a proibição de copiá-las. De igual forma, se a Imobiliária House tivesse consultado um advogado especializado antes de copiar as fotos de outro site, mesmo tendo bons argumentos de defesa, esse a teria desaconselhado de realizar tais cópias, por uma medida preventiva.

Pode até parecer vulgar, mas o fato é que a Internet deve ser encarada como uma grande e movimentada avenida, onde os *web sites* são grandes janelas abertas. Se a bela proprietária da casa resolver exibir suas partes pudendas ao público, sentando-se na janela, deve tomar algumas precauções, se não quiser ser bolinada. Ela deve, por exemplo, estar vestida, pois se alguém lhe passar a mão cometerá um abuso, um ilícito, indenizável inclusive. Agora, se ela resolver sentar-se nua na janela, estará assumindo o risco de tomar um tapinha, um beliscão ou até mesmo coisa pior. E para agravar a situação, ela não poderia reclamar de abuso algum se conscientemente se sentasse em uma janela que exibisse uma placa dizendo "toque-me". É exatamente isso que as empresas desavisadas fazem. Elas se exibem na grande avenida (Internet), posicionando-se em grandes janelas (*web sites*), que possuem grandes placas dizendo "toque-me" ("copiar"). Aquele que se porta desta forma e ainda se queixa por ter sido copiado, age como aquele outro que guarda o açucareiro destampado e não quer que as formigas devorem o açúcar.

Rudolf Von Ihering, em sua famosa obra *A Luta pelo Direito*,[18] já dizia que "aquele que anda de rastos como um verme nunca deverá queixar-se de que foi calcado aos pés". Em outras palavras, aquele que se arrasta não pode se queixar de que foi pisado. Ou, aquele que expõe suas partes íntimas na janela não pode se queixar de que foi bolinado. Ou, ainda, aquele que expõe suas obras na Internet, sem as devidas precauções, não pode se queixar de que foi copiado.

7.4. Análise Jurídica de *Web Sites*

A análise jurídica de um *web site* é uma tarefa que só pode ser desenvolvida por profissional habilitado, ou seja, por um advogado. Mas, por ser uma área muito recente, que exige o conhecimento de conceitos muito novos, é de fundamental importância que esse profissional, além de experiente em contratos, esteja atualizado e familiarizado com o chamado Direito Eletrônico.

---

18. Ihering, Rudolf Von. *A Luta pelo Direito*. Bauru/São Paulo: Edipro, 2001.

Deverão ser analisados, por exemplo, os contratos eletrônicos a serem celebrados (*clickwrap*[19] ou não) em uma relação *Businness to Consumer*, isto é, entre fornecedor e consumidor. *Disclaimers*[20] têm que ser escritos de forma clara, visando prevenir ações judiciais e apontar, previamente, os eventuais responsáveis. Os contratos, formalizados em papel ou em meio eletrônico, firmados entre duas ou mais empresas que pretendem realizar comércio eletrônico sob a forma de *Businness to Businness*, ou seja, de empresa para empresa, também têm que ser minuciosamente elaborados por profissional especializado, visando colocar a empresa em uma posição mais confortável e bem mais garantida contra eventuais processos judiciais. Assim, a principal finalidade da advocacia preventiva é minimizar o risco, evitando o processo. Em segundo lugar, ela visa facilitar uma futura e possível defesa.

7.5. Conclusões

É de vital importância que *web sites* e portais, principalmente antes de irem ao ar, ou mesmo depois, sejam analisados por uma assessoria jurídica especializada, visando minimizar os riscos jurídicos e, consequentemente, econômicos.

A grande dificuldade reside no fato de que esta área do conhecimento não é dominada pelos advogados em geral, nem mesmo pelo Poder Judiciário. Afinal, a legislação que trata do assunto é extremamente pequena e os projetos que tramitam pelo Congresso não conseguem ser aprovados na velocidade necessária.

Portanto, diante de um quadro de lacuna legislativa e de grandes dúvidas, principalmente nas mentes daqueles que têm o poder de julgar os problemas, TODO CUIDADO É POUCO e a prática do velho jargão *"é melhor prevenir do que remediar"* torna-se imperiosa no dia a dia da boa administração empresarial.

---

19. Contratos *clickwrap* são aqueles cuja aceitação se dá por um simples "click" de *mouse*.
20. O *disclaimer* é uma declaração de renúncia a um direito ou de exoneração de uma responsabilidade. O *disclaimer* é necessário sempre que o usuário possa se confundir com uma informação e parta de pressupostos errados.

8
Considerações Finais

8.1. Vantagens

Esta nova forma de transação à distância trouxe muitas vantagens a todos aqueles que realizam atividades comerciais, que prestam e contratam serviços, que investem no mercado financeiro e de capitais, etc.

As negociações passam a ser muito mais rápidas, e as distâncias passam a ser praticamente nulas, além do conforto de se realizar negócios sem sair do local de trabalho ou de descanso.

A economia que este sistema proporciona também não deve ser desconsiderada, afinal ganha-se muito tempo e, consequentemente, dinheiro com a utilização de uma forma rápida de celebração de negócios.

8.2. Riscos

Não obstante estas vantagens, existem também os riscos, alguns até que já existiam no sistema tradicional, haja vista, por exemplo, a possibilidade de se realizar uma interceptação telefônica. Assim, a insegurança nas transações eletrônicas ainda é um fator que desestimula o desenvolvimento do comércio eletrônico, pois ainda existe a possibilidade de se ver dados e informações compartilhadas em rede capturadas por *Hackers*. Pode ser bastante desastroso o fato de que senhas ou assinaturas eletrônicas pessoais caiam em mãos de terceiros.

Outra forma de insegurança que não se deve deixar de mencionar é a insegurança do ponto de vista legal. Diante de uma situação de carência legislativa, as pessoas não podem, ainda, confiar nos resultados prometidos pelo sistema. Infelizmente, existe ainda uma relativa dificuldade para se fazer prova dos direitos e deveres contraídos através de contratos eletrônicos.

O principal fator que poderia ser considerado um obstáculo ao desenvolvimento do comércio eletrônico no Brasil é a insegurança. Grande parte das pessoas ainda não se sente segura em realizar suas transações através da Internet, razão pela qual há que se unirem todos os seguimentos ligados ao comércio eletrônico em prol de uma campanha nacional de informação do bom uso dos meios eletrônicos.

8.3. Últimas Sugestões

Assim, para que estes e outros riscos sejam, pelo menos, mitigados, proporcionando uma melhor utilização deste novo meio de negociações, sugiro que se atendam às regras apresentadas pelo modelo de lei da UNCITRAL e também, por enquanto, a grande parte dos ditames fornecidos pelo projeto de lei da OAB/SP. Tratam-se de tendências que, mais dia ou menos dia, acabarão incorporados ao nosso sistema jurídico e, caso isto não ocorra, indicam uma forma de se realizar transações com um mínimo de segurança.

Alguns cuidados que devem sempre ser tomados, quando da celebração de negócios por meio da Internet, são os seguintes:

a) as informações contidas em um contrato eletrônico devem sempre ficar armazenadas, permanecendo disponíveis e acessíveis, para uma consulta posterior;

b) as assinaturas eletrônicas devem sempre ser executadas em ambiente "seguro", por intermédio de entidades especializadas e notoriamente conhecidas;

c) os contratos eletrônicos devem sempre definir as posições de proponente e aceitante, devendo sempre eleger, de antemão, o foro e legislação competente.

Considerações Finais

Desta forma, dificilmente se negará validade ou força obrigatória a um contrato pela única razão de haver sido celebrado por meio eletrônico.

Quando se fala de regulação do comércio eletrônico no Brasil, surgem dois grupos: o dos que entendem não ser necessário o estabelecimento de uma nova legislação, porque nada muda simplesmente porque negócios são feitos por meio eletrônico. Mesmo assim, não há como desprezar o fato de que o Brasil necessita de uma legislação moderna que defina, por exemplo, critérios de utilização e autenticação de assinaturas eletrônicas. Porém, existem algumas tendências mundiais que não devem ser combatidas. Ao contrário, devemos observar o cenário global e procurar acompanhar estas tendências, já que se torna muito difícil, principalmente no campo tecnológico, ditarmo-las. Uma delas se refere ao campo da tributação: pelo menos neste início de atividades, os Governos devem se abster de criar novos tributos, para não obstaculizar o desenvolvimento do comércio eletrônico.

Seja qual for a legislação estabelecida no Brasil, ela deverá partir de alguns princípios fundamentais, dentre os quais destacam-se a Segurança nas transações e a Garantia de Privacidade, sem os quais não teremos um comércio eletrônico eficaz e confiável.

Um grande erro que poderíamos cometer seria tentar resolver os problemas da Internet e do comércio eletrônico pensando individual e regionalmente, sem nos inserir em um contexto mundial. Afinal, comércio eletrônico não é um assunto de âmbito meramente local, mas por sua própria definição trata-se de um tema global.

9
APÊNDICE

9.1. NOTA CONJUNTA DOS MINISTÉRIOS DAS COMUNICAÇÕES E DA CIÊNCIA E TECNOLOGIA (JUNHO DE 1995)

O Ministério das Comunicações (MC) e o Ministério da Ciência e Tecnologia (MCT), tendo em vista a necessidade de informar à Sociedade a respeito da introdução da *Internet* no Brasil, vêm a público prestar os seguintes esclarecimentos.

1. Aspectos Gerais

1.1. O Governo considera de importância estratégica para o País tornar a *Internet* disponível a toda a Sociedade, com vistas à inserção do Brasil na *Era da Informação*.

1.2. O provimento de serviços comerciais *Internet* ao público em geral deve ser realizado, preferencialmente, pela iniciativa privada.

1.3. O Governo estimulará o surgimento no País de provedores privados de serviços *Internet*, de portes variados, ofertando ampla gama de opções e facilidades, visando ao atendimento das necessidades dos diversos segmentos da Sociedade.

1.4. A participação das empresas e órgãos públicos no provimento de serviços *Internet* dar-se-á de forma complementar à participação da iniciativa privada, e limitar-se-á às situações onde seja necessária a presença do setor público para estimular ou induzir o surgimento de provedores e usuários.

2. A *Internet*

2.1. A *Internet* é um conjunto de redes interligadas, de abrangência mundial. Através da *Internet* estão disponíveis serviços como correio eletrônico, transferência de arquivos, acesso remoto a computadores, acesso a bases de dados e diversos tipos de serviços de informação, cobrindo praticamente todas as áreas de interesse da Sociedade.

2.2. A *Internet* é organizada na forma de *espinhas dorsais backbones*, que são estruturas de rede capazes de manipular grandes volumes de informações, constituídas basicamente por roteadores de tráfego interligados por circuitos de alta velocidade.

2.3. Interligadas às espinhas dorsais de âmbito nacional, haverá espinhas dorsais de abrangência regional, estadual ou metropolitana, que possibilitarão a interiorização da *Internet* no País.

2.4. Conectados às espinhas dorsais, estarão os *provedores de acesso ou de informações*, que são os efetivos prestadores de serviços aos usuários finais da *Internet*, que os acessam tipicamente através do serviço telefônico.

2.5. Poderão existir no País várias espinhas dorsais *Internet* independentes, de âmbito nacional ou não, sob a responsabilidade de diversas entidades, inclusive sob controle da iniciativa privada.

2.6. É facultada aos provedores de acesso ou de informações a escolha da espinha dorsal à qual se conectarão, assim como será de livre escolha do usuário final o provedor de acesso ou de informações através do qual ele terá acesso à *Internet*.

3. A Rede Nacional de Pesquisa (RNP)

3.1. A RNP dispõe de uma espinha dorsal nacional com o objetivo de atender às necessidades de serviços *Internet* da comunidade acadêmica.

3.2. Visando estimular o desenvolvimento da *Internet* no Brasil, será permitido aos provedores comerciais de serviços *Internet* conectarem-se à RNP. Nesta situação a função da RNP será interligar redes regionais, estaduais ou metropolitanas, dando suporte ao tráfego de natureza acadêmica, comercial ou mista.

3.3. O MC e o MCT, no prazo de 90 dias, promoverão a adequação da espinha dorsal da RNP para acomodar o aumento de tráfego decorrente de seu uso acadêmico e comercial.

3.4. Os estados poderão definir e implantar, de acordo com suas necessidades, as espinhas dorsais *Internet* que se interligarão à RNP.

3.5. Cada entidade associada à RNP decidirá sobre a conveniência de ofertar serviços comerciais *Internet* através dos acessos sob sua responsabilidade, definindo as características do serviço a ser ofertado.

4. Empresas do Sistema Telebrás

4.1. As Empresas do Sistema Telebrás (ESTB) proverão, de acordo com Norma específica do MC, os meios (circuitos) para a expansão da RNP, constituição de outras espinhas dorsais, e acessos para provedores e usuários de serviços *Internet*.

4.2. As ESTB poderão prover espinhas dorsais de âmbito nacional e estadual, até o nível de conectividade IP (*Internet Protocol*), oferecendo este serviço a provedores de acesso ou de informações.

4.3. As ESTB não proverão, em princípio, serviços de conexão à *Internet* a usuários finais. Este espaço está destinado prioritariamente ao segmento privado.

4.4. Considerando que a prestação de serviços *Internet* a usuários finais vem sendo realizada pela Embratel, em regime de projeto piloto, esta manterá o serviço até o final do ano, limitando-o às senhas distribuídas até esta data. Estes usuários serão, posteriormente, encaminhados a outros provedores de acesso ou de informações.

4.5. As listas de inscrições remanescentes, existentes nas ESTB, serão colocadas a disposição de todos os interessados em atuar como provedores de acesso ou de informações *Internet*.

5. Instituições Ligadas ao MCT

5.1. Cada instituição vinculada ao MCT decidirá individualmente sobre a conveniência de ofertar serviços de conectividade IP através dos nós sob sua responsabilidade.

5.2. As instituições vinculadas ao MCT não proverão, em princípio, serviços *Internet* a usuários finais. Este espaço está destinado prioritariamente ao segmento privado.

6. Tarifas e Preços

6.1. Os preços relativos ao uso dos serviços *Internet* serão fixados pelo provedor, de acordo com as características dos serviços por ele oferecidos.

6.2. O usuário final, por sua conexão com o provedor de acesso ou de informações ao qual está vinculado, pagará a tarifa regularmente praticada pela utilização dos serviços de telecomunicações correspondentes.

6.3. O MCT assegurará, pelo prazo de 1 (um) ano, o uso comercial da espinha dorsal da RNP, segundo condições e critérios, inclusive preços, que virá a estabelecer. Findo este prazo, o MC e o MCT, à luz da análise da evolução dos serviços *Internet* no País, deliberarão sobre a continuidade do uso comercial da RNP.

6.4. Será estabelecido, pelo prazo de 1 (um) ano, prorrogável por decisão conjunta do MC e do MCT, tarifa especial equivalente a 50% das tarifas dos serviços de telecomunicações por linha dedicada, utilizados por instituições de educação e de pesquisa e desenvolvimento (IEPD), nos acessos à *Internet*, com utilização estritamente acadêmica.

7. O Comitê Gestor *Internet*

7.1. No sentido de tornar efetiva a participação da Sociedade nas decisões envolvendo a implantação, administração e uso da *Internet*, será constituído um Comitê Gestor *Internet*, que contará com a participação do MC e MCT, de entidades operadoras e gestoras de espinhas dorsais, de representantes de provedores de acesso ou de informações, de representantes de usuários, e da comunidade acadêmica.

7.2. O Comitê Gestor terá como atribuições principais:

a) fomentar o desenvolvimento de serviços *Internet* no Brasil;

b) recomendar padrões e procedimentos técnicos e operacionais para a *Internet* no Brasil;

c) coordenar a atribuição de endereços *Internet*, o registro de nomes de domínios, e a interconexão de espinhas dorsais;

d) coletar, organizar e disseminar informações sobre os serviços *Internet*.

8. Informações Adicionais

8.1. Informações detalhadas a usuários e provedores da *Internet* no Brasil, incluindo:

— papéis funcionais na *Internet*;

— guia do empreendedor;

— guia de usuário;

— enumeração de provedores de serviços;

— formulários e procedimentos para solicitação de endereços IP e registro de domínios;

— estarão sendo disponibilizados, em meios eletrônicos ou em documentos, em pontos de atendimento em todo o país, a partir de 1º de julho próximo.

8.2. Para identificar o ponto mais próximo de acesso a essas informações, a partir de 1º de julho, os interessados deverão dirigir consultas a:

Centro de Informações

Rede Nacional de Pesquisa

telefone: (021) 274-7445, (021) 537-0036

fax: (021) 511-1563

info@ci.rnp.br

9.2. NORMA Nº 004/1995 DO MINISTÉRIO DAS COMUNICAÇÕES

Uso de meios da rede pública de telecomunicações para acesso à Internet.

1. Objetivo

Esta Norma tem com objetivo regular o uso ode meios da Rede Pública de Telecomunicações para o provimento e utilização de Serviços de Conexão à *Internet*.

APÊNDICE

2. Campo de Aplicação

Esta Norma se aplica:
a) às Entidades Exploradoras de Serviços Públicos de Telecomunicações (EESPT) no provimento de meios da Rede Pública de Telecomunicações a Provedores e Usuários de Serviços de Conexão à *Internet*;
b) aos Provedores e Usuários de Serviços de Conexão à *Internet* na utilização dos meios da Rede Pública de Telecomunicações

3. Definições

Para fins desta Norma são adotadas as definições contidas no Regulamento Geral para execução da Lei nº 4.117, aprovado pelo Decreto nº 52.026, de 20 de maio de 1963, alterado pelo Decreto nº 97.057, de 10 de novembro de 1988, e ainda as seguintes:
a) *Internet*: nome genérico que designa o conjunto de redes, os meios de transmissão e comutação, roteadores, equipamentos e protocolos necessários à comunicação entre computadores, bem como o "software" e os dados contidos nestes computadores;
b) Serviço de Valor Adicionado: serviço que acrescenta a uma rede preexistente de um serviço de telecomunicações, meios ou recursos que criam novas utilidades específicas, ou novas atividades produtivas, relacionadas com o acesso, armazenamento, movimentação e recuperação de informações;
c) Serviço de Conexão à *Internet* (SCI): nome genérico que designa Serviço de Valor Adicionado que possibilita o acesso à *Internet* a Usuários e Provedores de Serviços de Informações;
d) Provedor de Serviço de Conexão à *Internet* (PSCI): entidade que presta o Serviço de Conexão à *Internet*;
e) Provedor de Serviço de Informações: entidade que possui informações de interesse e as dispõem na *Internet*, por intermédio do Serviço de Conexão à *Internet*;
f) Usuário de Serviço de Informações: Usuário que utiliza, por intermédio do Serviço de Conexão à *Internet*, as informações dispostas pelos Provedores de Serviço de Informações;
g) Usuário de Serviço de Conexão à *Internet*: nome genérico que designa Usuários e Provedores de Serviços de Informações que utilizam o Serviço de Conexão à *Internet*;
h) Ponto de Conexão à *Internet*: ponto através do qual o SCI se conecta à *Internet*;
i) Coordenador *Internet*: nome genérico que designa os órgãos responsáveis pela padronização, normatização, administração, controle, atribuição de endereços, gerência de domínios e outras atividades correlatas, no tocante à *Internet*;

4. Serviço de Conexão à *Internet*

4.1. Para efeito desta Norma, considera-se que o Serviço de Conexão à *Internet* constitui-se:

a) dos equipamentos necessários aos processos de roteamento, armazenamento e encaminhamento de informações, e dos "software" e "hardware" necessários para o provedor implementar os protocolos da *Internet* e gerenciar e administrar o serviço;

b) das rotinas para administração de conexões à *Internet* (senhas, endereços e domínios *Internet*);

c) dos "softwares" dispostos pelo PSCI: aplicativos tais como – correio eletrônico, acesso a computadores remotos, transferência de arquivos, acesso a banco de dados, acesso a diretórios, e outros correlatos -, mecanismos de controle e segurança, e outros;

d) dos arquivos de dados, cadastros e outras informações dispostas pelo PSCI;

e) do "hardware" necessário para o provedor ofertar, manter, gerenciar e administrar os "softwares" e os arquivos especificados nas letras "b","c" e "d" deste subitem;

f) outros "hardwares" e "softwares" específicos, utilizados pelo PSCI.

5. Uso de Meios da Rede Pública de Telecomunicações por Provedores e Usuários de Serviços de Conexão à *Internet*

5.1. O uso de meios da Rede Pública de Telecomunicações, para o provimento e utilização de Serviços de Conexão à *Internet*, far-se-á por intermédio dos Serviços de Telecomunicações prestados pelas Entidades Exploradoras de Serviços Públicos de Telecomunicações.

5.2. O Provedor de Serviço de Conexão à *Internet* pode, para constituir o seu serviço, utilizar a seu critério e escolha, quaisquer dos Serviços de Telecomunicações prestados pelas EESPT.

5.3. Os meios da Rede Pública de Telecomunicações serão providos a todos os PSCIs que os solicitarem, sem exclusividade, em qualquer ponto do território nacional, observadas as condições técnicas e operacionais pertinentes e, também, poderão ser utilizados para:

a) conectar SCIs à *Internet*, no exterior;

b) interconectar SCIs de diferentes provedores.

5.4. As Entidades Exploradoras de Serviços Públicos de Telecomunicações não discriminarão os diversos PSCIs quando do provimento de meios da Rede Pública de Telecomunicações para a prestação dos Serviços de Conexão à *Internet*. Os prazos, padrões de qualidade e atendimento e, os valores praticados serão os regularmente fixados na prestação do Serviço de Telecomunicações utilizado.

APÊNDICE

5.5. É facultado ao Usuário de Serviço de Conexão à *Internet* o acesso ao SCI por quaisquer meios da Rede Pública de Telecomunicações à sua disposição.

6. **Relacionamento entre as Entidades Exploradoras de Serviços Públicos de Telecomunicações e os PSCIs**

6.1. No relacionamento entre as Entidades Exploradoras de Serviços Públicos de Telecomunicações e os Provedores de Serviços de Conexão à *Internet*, não se constituem responsabilidades das EESPT:
 a) definir a abrangência, a disposição geográfica e física, o dimensionamento e demais características técnicas e funcionais do Serviço de Conexão à *Internet* a ser provido;
 b) especificar e compor os itens de "hardware" e "software" a serem utilizados pelos PSCIs na prestação do Serviço de Conexão à *Internet*;
 c) definir as facilidades e as características do Serviço de Conexão à *Internet* a serem ofertadas pelos PSCIs;
 d) providenciar junto aos Coordenadores *Internet* a regularização dos assuntos referentes ao provimento de Serviços de Conexão à *Internet*;
 e) definir os Pontos de Conexão entre os PSCIs, no Brasil ou no exterior, bem como as características funcionais de tais conexões.

7. **Entidade Exploradora de Serviços Públicos de Telecomunicações como Provedora de Serviço de Conexão à *Internet***

7.1. A EESPT, ao fixar os valores a serem praticados para o seu SCI, deve considerar na composição dos custos de prestação do serviço, relativamente ao uso dos meios da Rede Pública de Telecomunicações, os mesmos valores por ela praticados no provimento de meios a outros PSCIs.

9.3. LEI MODELO DA UNCITRAL SOBRE O COMÉRCIO ELETRÔNICO

(Original: árabe, chinês, espanhol, francês, inglês, russo)

PARTE I – COMÉRCIO ELETRÔNICO EM GERAL

Capítulo I – Disposições Gerais

Artigo 1 – Âmbito de aplicação
Esta Lei aplica-se a qualquer tipo de informação na forma de mensagem dados usada no contexto de atividades comerciais.

Artigo 2 – Definições

Para os fins desta Lei:

Entende-se por "mensagem eletrônica" a informação gerada, enviada, recebida ou arquivada eletronicamente, por meio óptico ou por meios similares, incluindo, entre outros, "intercâmbio eletrônico de dados" (EDI), correio eletrônico, telegrama, telex e fax;

Entende-se por "intercâmbio eletrônico de dados" (EDI) – a transferência eletrônica, de computador para computador, de informações estruturadas de acordo com um padrão estabelecido para tal fim;

Entende-se por "remetente" de uma mensagem eletrônica a pessoa pela qual, ou em cujo nome, a referida mensagem eletrônica seja enviada ou gerada antes de seu armazenamento, caso este se efetue, mas não quem atue como intermediário em relação a esta mensagem eletrônica;

"Destinatário" de uma mensagem eletrônica é a pessoa designada pelo remetente para receber a mensagem eletrônica, mas não quem atue como intermediário em relação a esta mensagem eletrônica;

"Intermediário", com respeito a uma mensagem eletrônica particular, é a pessoa que em nome de outrem envie, receba ou armazene esta mensagem eletrônica ou preste outros serviços com relação a esta mensagem;

"Sistema de informação" é um sistema para geração, envio, recepção, armazenamento ou outra forma de processamento de mensagens eletrônicas.

Artigo 3 – Interpretação

1) Na interpretação desta Lei, levar-se-á em consideração a sua origem internacional e a necessidade de promover a uniformidade de sua aplicação e a observância da boa fé.

2) Questões relativas a matérias regidas por esta Lei que nela não estejam expressamente dispostas serão solucionadas em conformidade com os princípios gerais nos quais ela se inspira.

Artigo 4 – Alteração mediante acordo

1) Salvo disposição em contrário, nas relações entre as partes que gerem, enviem, recebam, armazenem ou de qualquer outro modo processem mensagens eletrônicas, as disposições do Capítulo III poderão ser alteradas mediante comum acordo.

2) O parágrafo 1) não afeta nenhum direito de que gozem as partes para modificar, mediante acordo comum, qualquer das regras jurídicas às quais se faça referência nas disposições contidas no capítulo II.

Capítulo II – Aplicação de Requisitos Legais às Mensagens de Dados

Artigo 5 – Reconhecimento Jurídico das Mensagens de Dados

Não se negarão efeitos jurídicos, validade ou eficácia à informação apenas porque esteja na forma de mensagem eletrônica.

Artigo 5 bis. – Incorporação por remissão

(Na forma aprovada pela comissão em seu 31º período de sessões, em junho de 1998)

Não se negarão efeitos jurídicos, validade, ou eficácia à informação pela simples razão de que não esteja contida na própria mensagem de dados destinada a gerar tais efeitos jurídicos, mas que a ela meramente se faça remissão naquela mensagem de dados.

Artigo 6 – Escrito

1) Quando a Lei determinar que uma certa informação conste por escrito, este requisito considerar-se-á preenchido por uma mensagem eletrônica, se que a informação nela contida seja acessível para consulta posterior.

2) Aplica-se o parágrafo 1) tanto se o requisito nele mencionado esteja expresso na forma de uma obrigação, quanto se a Lei preveja simplesmente consequências para quando a informação não conste por escrito.

3) As disposições deste artigo não se aplicam ao que segue: (...)

Art. 7 – Assinatura

1) Quando a Lei requeira a assinatura de uma pessoa, este requisito considerar-se-á preenchido por uma mensagem eletrônica quando:

a) For utilizado algum método para identificar a pessoa e indicar sua aprovação para a informação contida na mensagem eletrônica; e

b) Tal método seja tão confiável quanto seja apropriado para os propósitos para os quais a mensagem foi gerada ou comunicada, levando-se em consideração todas as circunstâncias do caso, incluindo qualquer acordo das partes a respeito.

2) Aplica-se o parágrafo 1) tanto se o requisito nele mencionado esteja expresso na forma de uma obrigação, quanto se a Lei simplesmente preveja consequências para a ausência de assinatura.

3) As disposições deste artigo não se aplicam ao que segue: (...)

Artigo 8 – Original

1) Quando a Lei requeira que certa informação seja apresentada ou conservada na sua forma original, este requisito considerar-se-á preenchido por uma mensagem eletrônica quando:

a) Existir garantia fidedigna de que se preservou a integridade da informação desde o momento da sua geração em sua forma final, como uma mensagem eletrônica ou de outra forma; e

b) Esta informação for acessível à pessoa à qual ela deva ser apresentada, caso se requeira a sua apresentação.

2) Aplica-se o parágrafo 1) tanto se o requisito nele mencionado esteja expresso na forma de uma obrigação, quanto se a Lei simplesmente preveja consequências para o caso de que a informação não seja apresentada ou conservada em sua forma original.

3) Para os propósitos da alínea (a) do parágrafo 1):

a) Presume-se íntegra a informação que houver permanecido completa e inalterada, salvo a adição de qualquer endosso das partes ou outra mudança que ocorra no curso normal da comunicação, armazenamento e exposição;

b) O grau de confiabilidade requerido será determinado à luz dos fins para os quais a informação foi gerada, assim como de todas as circunstâncias do caso.

4) As disposições deste artigo não se aplicam ao que segue: (...)

Artigo 9 – Admissibilidade e força probante das mensagens de dados

1) Em procedimentos judiciais, administrativos ou arbitrais não se aplicará nenhuma norma jurídica que seja óbice à admissibilidade de mensagens eletrônicas como meio de prova:

a) Pelo simples fato de serem mensagens eletrônicas; ou,

b) Pela simples razão de não haverem sido apresentadas em sua forma original, sempre que tais mensagens sejam a melhor prova que se possa razoavelmente esperar da pessoa que as apresente.

2) Toda informação apresentada sob a forma de mensagem eletrônica gozará da devida força probante. Na avaliação da força probante de uma mensagem eletrônica, dar-se-á atenção à confiabilidade da forma em que a mensagem haja sido gerada, armazenada e transmitida, a confiabilidade da forma em que se haja conservado a integridade da informação, a forma pela qual se haja identificado o remetente e a qualquer outro fator pertinente.

Artigo 10 – Conservação das Mensagens de Dados

1) Quando a Lei requeira certos documentos, registros ou informações sejam conservados, este requisito considerar-se-á preenchido mediante a conservação de mensagens eletrônicas, sempre que as seguintes condições sejam satisfeitas:

a) Que a informação que contenham seja acessível para consulta posterior;

b) Que as mensagens eletrônicas sejam conservadas no formato no qual tenham sido geradas, enviadas ou recebidas, ou num formato que se possa demonstrar que representa exatamente as informações geradas, enviadas ou recebidas; e

c) Que se conserve, caso exista, toda informação que permita determinar a origem e o destino das mensagens e a data e hora quando foram enviadas ou recebidas.

2) A obrigação de conservar documentos, registros ou informações de acordo com o parágrafo 1) não se aplica àqueles dados que tenham por única finalidade facilitar o envio ou o recebimento da mensagem.

3) Toda pessoa pode recorrer aos serviços de um terceiro para atender o requisito mencionado no parágrafo 1), desde que se cumpram as condições enunciadas nas alíneas a), b) e c) do parágrafo 1).

Capítulo III – Comunicação de Mensagens de Dados

Artigo 11 – Formação e Validade dos Contratos

1) Salvo disposição em contrário das partes, na formação de um contrato, a oferta e sua aceitação podem ser expressas por mensagens eletrônicas.

Não se negará validade ou eficácia a um contrato pela simples razão de que se utilizaram mensagens eletrônicas para a sua formação.

2) As disposições deste artigo não se aplicam ao que segue: (...)

Artigo 12 – Reconhecimento das Mensagens de Dados

1) Nas relações entre o remetente e o destinatário de uma mensagem eletrônica, não se negará validade ou eficácia a uma declaração de vontade ou outra declaração pela simples razão de que a declaração tenha sido feita por uma mensagem eletrônica.

2) As disposições deste artigo não se aplicam ao que segue: (...)

Artigo 13 – Atribuição de mensagens de dados

1) Uma mensagem eletrônica provém do remetente quando haja sido enviada pelo próprio remetente.

2) Nas relações entre o remetente e o destinatário, uma mensagem eletrônica se considera proveniente do remetente se ela foi enviada:

a) por uma pessoa autorizada a agir em nome do remetente no tocante àquela mensagem eletrônica;

b) por um sistema de informação programado por, ou em nome do remetente, para operar automaticamente.

3) Nas relações entre o remetente e o destinatário, o destinatário tem direito a considerar uma mensagem eletrônica como sendo do remetente e a agir de acordo em qualquer das seguintes hipóteses:

a) se o destinatário houver aplicado corretamente um procedimento previamente aceito pelo remetente a fim de verificar se a mensagem eletrônica provinha do remetente; ou

b) se a mensagem recebida pelo destinatário houver resultado dos atos de uma pessoa cujas relações com o remetente ou com qualquer agente do remetente lhe hajam dado acesso ao método usado pelo remetente para identificar a mensagem eletrônica como sendo sua.

4) O parágrafo 3) deixará de aplicar-se:

a) a partir do momento em que o destinatário houver sido informado pelo remetente de que a mensagem eletrônica não é de sua emissão, e haja disposto de um prazo razoável para agir de acordo; ou

b) nos casos previstos na alínea b) do parágrafo 3), desde o momento em que o destinatário haja sabido ou devesse haver sabido, caso houvesse agido com a devida diligência ou empregado o procedimento pactuado, que a mensagem eletrônica não era do remetente.

5) Sempre que uma mensagem eletrônica provenha do remetente ou se considere proveniente do remetente, ou sempre que o destinatário tenha direito a agir com base nessa presenção, o destinatário poderá, em suas relações com o remetente, considerar que a mensagem eletrônica recebida corresponde àquela que o remetente pretendeu enviar, e agir de acordo. O destinatário não gozará deste direito quando saiba ou devesse saber, caso houvesse agido com a devida diligência ou empregado o procedimento pactuado, que a transmissão causou algum erro na mensagem eletrônica recebida.

6) O destinatário poderá considerar cada mensagem eletrônica recebida como sendo uma mensagem eletrônica distinta e a agir de acordo, salvo na medida em que ela duplique uma outra mensagem eletrônica e o destinatário saiba ou devesse saber, caso houvesse agido com a devida diligência ou empregado o procedimento pactuado, que a mensagem era uma duplicata.

Artigo 14 – Aviso de Recebimento

1) Os parágrafos de 2) a 4) deste artigo aplicam-se quando, durante ou antes de enviar uma mensagem eletrônica, ou por meio desta mensagem eletrônica, o remetente solicite ou pactue com o destinatário que se acuse o recebimento da mensagem.

2) Quando o remetente não houver pactuado com o destinatário que se acuse o recebimento de uma forma ou por um método particular, poderá ser acusado o recebimento mediante:

a) toda comunicação do destinatário, automática ou não, que indique ao remetente que a mensagem eletrônica foi recebida; ou

b) todo outro ato do destinatário que baste para o mesmo propósito.

3) Quando o remetente houver declarado que os efeitos da mensagem eletrônica estarão condicionados à recepção de um aviso de recebimento, a mensagem eletrônica considerar-se-á como não tendo sido enviada enquanto este não se haja recebido o aviso de recebimento.

4) Quando o remetente não houver declarado que os efeitos da mensagem eletrônica estarão condicionados à recepção de um aviso de recebimento, e o aviso de recebimento não houver sido recebido pelo remetente dentro do prazo especificado ou pactuado ou, se nenhum prazo houver sido especificado ou pactuado, dentro de um prazo razoável, o remetente poderá:

a) notificar o destinatário declarando que nenhum aviso de recebimento foi recebido e especificando um prazo razoável para que o aviso de recebimento deva ser recebido; e

b) caso o aviso de recebimento não seja recebido dentro do prazo especificado na alínea (a), o remetente poderá, dando notificação ao destinatário, tratar a mensagem como se ela nunca tivesse sido enviada, ou exercer qualquer outro direito disponível.

5) Quando o remetente receba o aviso de recebimento do destinatário, presumir-se-á que este haja recebido a mensagem eletrônica pertinente. Esta presunção não implica que a mensagem eletrônica corresponda à mensagem recebida.

6) Quando o aviso de recebimento especifique que a mencionada mensagem eletrônica cumpre os requisitos técnicos pactuados ou previstos nas normas técnicas aplicáveis, presume-se que aqueles requisitos foram cumpridos.

7) Salvo no que se refira ao envio ou recepção de mensagens eletrônicas, este artigo não tem por fim reger as consequências jurídicas que possam resultar tanto da própria mensagem quanto do aviso de seu recebimento.

Artigo 15 – Tempo e Lugar de Despacho e Recebimento das Mensagens de Dados

1) Salvo convenção em contrário entre o remetente e o destinatário, o envio de uma mensagem eletrônica ocorre quando esta entra em um sistema de informação alheio ao controle do remetente ou da pessoa que enviou a mensagem eletrônica em nome do remetente.

2) Salvo convenção em contrário entre o remetente e o destinatário, o momento de recepção de uma mensagem eletrônica é determinado como se segue:

a) se o destinatário houver designado um sistema de informação para o propósito de recebimento das mensagens eletrônicas, o recebimento ocorre:

i) no momento em que a mensagem eletrônica entra no sistema de informação designado; ou

ii) se a mensagem eletrônica é enviada para um sistema de informação do destinatário que não seja o sistema de informação designado, no momento em que a mensagem eletrônica é recuperada pelo destinatário.

b) se o destinatário não houver designado um sistema de informação, o recebimento ocorre quando a mensagem eletrônica entra no sistema de informação do destinatário.

3) Aplica-se o parágrafo 2) ainda que o sistema de informação esteja situado num lugar distinto do lugar onde a mensagem eletrônica se considere recebida, de acordo com o parágrafo 4).

4) Salvo convenção em contrário entre o remetente e o destinatário, uma mensagem eletrônica se considera expedida no local onde o remetente tenha o seu estabelecimento e recebida no local onde o destinatário tenha o seu estabelecimento. Para os fins do presente parágrafo:

a) se o remetente ou o destinatário têm mais de um estabelecimento, o seu estabelecimento é aquele que guarde a relação mais estreita com a transação subjacente ou, caso não exista uma transação subjacente, o seu estabelecimento principal;

b) se o remetente ou o destinatário não possuírem estabelecimento, se levará em conta a sua residência habitual.

5) As disposições deste artigo não se aplicam ao que segue: (...)

PARTE II – COMÉRCIO ELETRÔNICO EM ÁREAS ESPECÍFICAS

Capítulo I – Transporte de Mercadorias

Artigo 16 – Atos relativos aos contratos de transporte de mercadorias

Sem prejuízo do disposto na Parte I desta Lei, este Capítulo se aplica, entre outros, a quaisquer dos seguintes atos que guarde relação com um contrato de transporte de mercadorias, ou com o seu cumprimento.

a) (i) indicação de marcas, número, quantidade ou peso da mercadoria;
(ii) declaração da natureza ou valor da mercadoria;
(iii) emissão de recibo da mercadoria;

(iv) confirmação do carregamento da mercadoria;
b) (i) notificação dos termos e condições do contrato;
(ii) fornecimento de instruções ao transportador;
c) (i) reclamação da entrega da mercadoria;
(ii) autorização para proceder à entrega da mercadoria;
(iii) notificação de avaria ou perda da mercadoria;
d) fornecimento de qualquer outra informação relativa ao cumprimento do contrato;
e) promessa de efetuar a entrega da mercadoria à pessoa designada ou à pessoa autorizada a reclamar a entrega;
f) concessão, aquisição, desistência, restituição, transferência ou negociação de direitos sobre a mercadoria;
g) aquisição ou transferência de direitos e obrigações derivados do contrato.

Artigo 17 – Documentos de Transporte

1) Com reserva do disposto no parágrafo 3), quando a Lei requeira que qualquer dos atos enunciados no artigo 16 se realize por escrito ou por meio de um documento impresso, este requisito é satisfeito se o ato se realiza por meio de uma ou mais mensagens eletrônicas.

2) Aplica-se o parágrafo 1) tanto se o requisito nele previsto esteja expresso em forma de uma obrigação, quanto se a Lei simplesmente preveja consequências para quando o ato não se realize por escrito ou por meio de um documento impresso.

3) Quando se conceda algum direito a uma pessoa determinada e a nenhuma outra, ou quando esta adquira alguma obrigação, e a Lei requeira que, para que o ato surta efeito, o direito ou a obrigação tenham de transferir-se a essa pessoa mediante o envio ou utilização de um documento impresso, este requisito ficará satisfeito se o direito ou obrigação se transfere pelo uso de uma ou mais mensagens eletrônicas, sempre que se empregue um método confiável para garantir a singularidade das ditas mensagens eletrônicas.

4) Para os fins do parágrafo 3), o grau de confiabilidade requerido será determinado à luz dos fins para os quais os direitos ou obrigações foram transferidos e levando-se em consideração todas as circunstâncias do caso, inclusive qualquer acordo relevante.

5) Quando uma ou mais mensagens eletrônicas forem utilizadas para efetuar qualquer um dos atos enunciados nas alíneas (f) e (g) do artigo 16, não será válido nenhum documento impresso utilizado para efetivar quaisquer daqueles atos, a menos que o uso de mensagens eletrônicas se haja interrompido e substituído pelo uso de documentos impressos. Todo documento impresso que se emita nestas circunstâncias deve conter uma declaração sobre tal substituição. A substituição das mensagens eletrônicas por documentos impressos não afeta os direitos e obrigações das partes envolvidas.

6) As normas jurídicas que se apliquem compulsoriamente aos contratos de transporte de mercadorias que constem de um documento impresso não

deixam de ser aplicáveis a um contrato de transporte de mercadorias que conste de uma ou mais mensagens eletrônicas pela simples razão de que o contrato consta de uma tal mensagem ao invés de um documento impresso.

7) As disposições deste artigo não se aplicam ao que segue: (...)

9.4. PROJETO DE LEI Nº 1.589/1999 (PROJETO DE LEI DA OAB/SP)

Dispõe sobre o comércio eletrônico, a validade jurídica do documento eletrônico e a assinatura digital, e dá outras providências.

TÍTULO I – DEFINIÇÕES GERAIS

Capítulo I – Do Âmbito de Aplicação

Art. 1º. A presente lei regula o comércio eletrônico, a validade e o valor probante dos documentos eletrônicos, bem como a assinatura digital.

Capítulo II – Dos Princípios Gerais

Art. 2º. A interpretação da presente lei deve considerar o contexto internacional do comércio eletrônico, o dinâmico progresso dos instrumentos tecnológicos, e a boa-fé das relações comerciais.

Parágrafo único. As questões relativas a matérias regidas pela presente lei, e que não estejam nela expressamente previstas, serão dirimidas de conformidade com os princípios gerais que dela decorrem.

TÍTULO II – COMÉRCIO ELETRÔNICO

Capítulo I – Da Desnecessidade de Autorização Prévia

Art. 3º. O simples fato de ser realizada por meio eletrônico não sujeitará a oferta de bens, serviços e informações a qualquer tipo de autorização prévia.

Capítulo II – Das Informações Prévias

Art. 4º. A oferta de contratação eletrônica deve conter claras e inequívocas informações sobre:

a) nome do ofertante, e o número de sua inscrição no cadastro geral do Ministério da Fazenda, e ainda, em se tratando de serviço sujeito a regime de profissão regulamentada, o número de inscrição no órgão fiscalizador ou regulamentador;

b) endereço físico do estabelecimento;

c) identificação e endereço físico do armazenador;

d) meio pelo qual é possível contatar o ofertante, inclusive correio eletrônico;

e) o arquivamento do contrato eletrônico, pelo ofertante;

f) instruções para arquivamento do contrato eletrônico, pelo aceitante, bem como para sua recuperação, em caso de necessidade; e

g) os sistemas de segurança empregados na operação.

Capítulo III – Das Informações Privadas do Destinatário

Art. 5º. O ofertante somente poderá solicitar do destinatário informações de caráter privado necessárias à efetivação do negócio oferecido, devendo mantê-las em sigilo, salvo se prévia e expressamente autorizado a divulgá-las ou cedê-las pelo respectivo titular.

§ 1º. A autorização de que trata o *caput* deste artigo constará em destaque, não podendo estar vinculada à aceitação do negócio.

§ 2º. Responde por perdas e danos o ofertante que solicitar, divulgar ou ceder informações em violação ao disposto neste artigo.

Capítulo IV – Da Contratação Eletrônica

Art. 6º. A oferta pública de bens, serviços ou informações à distância deve ser realizada em ambiente seguro, devidamente certificado.

Art. 7º. Os sistemas eletrônicos do ofertante deverão transmitir uma resposta eletrônica automática, transcrevendo a mensagem transmitida anteriormente pelo destinatário, e confirmando seu recebimento.

Art. 8º. O envio de oferta por mensagem eletrônica, sem prévio consentimento dos destinatários, deverá permitir a estes identificá-la como tal, sem que seja necessário tomarem conhecimento de seu conteúdo.

Capítulo V – Dos Intermediários

Art. 9º. O intermediário que forneça serviços de conexão ou de transmissão de informações, ao ofertante ou ao adquirente, não será responsável pelo conteúdo das informações transmitidas.

Art. 10. O intermediário que forneça ao ofertante serviços de armazenamento de arquivos e de sistemas necessários para operacionalizar a oferta eletrônica de bens, serviços ou informações, não será responsável pelo seu conteúdo, salvo, em ação regressiva do ofertante, se:

a) deixou de atualizar, ou os seus sistemas automatizados deixaram de atualizar, as informações objeto da oferta, tendo o ofertante tomado as medidas adequadas para efetivar as atualizações, conforme instruções do próprio armazenador; ou

b) deixou de arquivar as informações, ou, tendo-as arquivado, foram elas destruídas ou modificadas, tendo o ofertante tomado as medidas adequadas para seu arquivamento, segundo parâmetros estabelecidos pelo armazenador.

Art. 11. O intermediário, transmissor ou armazenador, não será obrigado a vigiar ou fiscalizar o conteúdo das informações transmitidas ou armazenadas.

Parágrafo único. Responde civilmente por perdas e danos, e penalmente, por co-autoria do delito praticado, o armazenador de informações que, tendo conhecimento inequívoco de que a oferta de bens, serviços ou informações constitui crime ou contravenção penal, deixar de promover sua imediata suspensão, ou interrupção de acesso por destinatários, competindo-lhe notificar, eletronicamente ou não, o ofertante, da medida adotada.

Art. 12. O intermediário deverá guardar sigilo sobre as informações transmitidas, bem como sobre as armazenadas, que não se destinem ao conhecimento público.

Parágrafo único. Somente mediante ordem judicial poderá o intermediário dar acesso às informações acima referidas, sendo que as mesmas deverão ser mantidas, pelo respectivo juízo, em segredo de justiça.

Capítulo VI – Das Normas de Proteção e de Defesa do Consumidor

Art. 13. Aplicam-se ao comércio eletrônico as normas de defesa e proteção do consumidor.

§ 1º. Os adquirentes de bens, de serviços e informações mediante contrato eletrônico poderão se utilizar da mesma via de comunicação adotada na contratação, para efetivar notificações e intimações extrajudiciais, a fim de exercerem direito consagrado nas normas de defesa do consumidor.

§ 2º. Deverão os ofertantes, no próprio espaço que serviu para oferecimento de bens, serviços e informações, disponibilizar área específica para fins do parágrafo anterior, de fácil identificação pelos consumidores, e que permita seu armazenamento, com data de transmissão, para fins de futura comprovação.

§ 3º. O prazo para atendimento de notificação ou intimação de que trata o parágrafo primeiro começa a fluir da data em que a respectiva mensagem esteja disponível para acesso pelo fornecedor.

§ 4º. Os sistemas eletrônicos do ofertante deverão expedir uma resposta eletrônica automática, incluindo a mensagem do remetente, confirmando o recebimento de quaisquer intimações, notificações, ou correios eletrônicos dos consumidores.

TÍTULO III – DOCUMENTOS ELETRÔNICOS

Capítulo I – Da Eficácia Jurídica dos Documentos Eletrônicos

Art. 14. Considera-se original o documento eletrônico assinado pelo seu autor mediante sistema criptográfico de chave pública.

§ 1º. Considera-se cópia o documento eletrônico resultante da digitalização de documento físico, bem como a materialização física de documento eletrônico original.

§ 2º. Presumem-se conformes ao original, as cópias mencionadas no parágrafo anterior, quando autenticadas pelo escrivão na forma dos arts. 33 e 34 desta lei.

§ 3º. A cópia não autenticada terá o mesmo valor probante do original, se a parte contra quem foi produzida não negar sua conformidade.

Art. 15. As declarações constantes do documento eletrônico, digitalmente assinado, presumem-se verdadeiras em relação ao signatário, desde que a assinatura digital:

a) seja única e exclusiva para o documento assinado;

b) seja passível de verificação;

c) seja gerada sob o exclusivo controle do signatário;

d) esteja de tal modo ligada ao documento eletrônico que, em caso de posterior alteração deste, a assinatura seja invalidada; e

e) não tenha sido gerada posteriormente à expiração, revogação ou suspensão das chaves.

Art. 16. A certificação da chave pública, feita pelo tabelião na forma do Capítulo II do Título IV desta lei, faz presumir sua autenticidade.

Art. 17. A certificação de chave pública, feita por particular, prevista no Capítulo I do Título IV desta lei, é considerada uma declaração deste de que a chave pública certificada pertence ao titular indicado e não gera presunção de autenticidade perante terceiros.

Parágrafo único. Caso a chave pública certificada não seja autêntica, o particular, que não exerça a função de certificação de chaves como atividade econômica principal, ou de modo relacionado à sua atividade principal, somente responderá perante terceiros pelos danos causados quando agir com dolo ou fraude.

Art. 18. A autenticidade da chave pública poderá ser provada por todos os meios de direito, vedada a prova exclusivamente testemunhal.

Art. 19. Presume-se verdadeira, entre os signatários, a data do documento eletrônico, sendo lícito, porém, a qualquer deles, provar o contrário por todos os meios de direito.

§ 1º. Após expirada ou revogada a chave de algum dos signatários, compete à parte a quem o documento beneficiar a prova de que a assinatura foi gerada anteriormente à expiração ou revogação.

§ 2º. Entre os signatários, para os fins do parágrafo anterior, ou em relação a terceiros, considerar-se-á datado o documento particular na data:

I – em que foi registrado;

II – da sua apresentação em repartição pública ou em juízo;

III – do ato ou fato que estabeleça, de modo certo, a anterioridade da formação do documento e respectivas assinaturas.

Art. 20. Aplicam-se ao documento eletrônico as demais disposições legais relativas à prova documental, que não colidam com as normas deste Título.

Capítulo II – Da Falsidade dos Documentos Eletrônicos

Art. 21. Considera-se falso o documento eletrônico quando assinado com chaves fraudulentamente geradas em nome de outrem.

Art. 22. O juiz apreciará livremente a fé que deva merecer o documento eletrônico, quando demonstrado ser possível alterá-lo sem invalidar a assinatura, gerar uma assinatura eletrônica idêntica à do titular da chave privada, derivar a chave privada a partir da chave pública, ou pairar razoável dúvida sobre a segurança do sistema criptográfico utilizado para gerar a assinatura.

Art. 23. Havendo impugnação do documento eletrônico, incumbe o ônus da prova:

I – à parte que produziu o documento, quanto à autenticidade da chave pública e quanto à segurança do sistema criptográfico utilizado;

II – à parte contrária à que produziu o documento, quando alegar apropriação e uso da chave privada por terceiro, ou revogação ou suspensão das chaves.

Parágrafo único. Não sendo alegada questão técnica relevante, a ser dirimida por meio de perícia, poderá o juiz, ao apreciar a segurança do sistema criptográfico utilizado, valer-se de conhecimentos próprios, da experiência comum, ou de fatos notórios.

TÍTULO IV – CERTIFICADOS ELETRÔNICOS

Capítulo I – Dos Certificados Eletrônicos Privados

Art. 24. Os serviços prestados por entidades certificadoras privadas são de caráter comercial, essencialmente privados e não se confundem em seus efeitos com a atividade de certificação eletrônica por tabelião, prevista no Capítulo II deste Título.

Capítulo II – Dos Certificados Eletrônicos Públicos

Seção I – Das Certificações Eletrônicas pelo Tabelião

Art. 25. O tabelião certificará a autenticidade de chaves públicas entregues pessoalmente pelo seu titular, devidamente identificado; o pedido de certificação será efetuado pelo requerente em ficha própria, em papel, por ele subscrita, onde constarão dados suficientes para identificação da chave pública, a ser arquivada em cartório.

§ 1º. O tabelião deverá entregar ao solicitante informações adequadas sobre o funcionamento das chaves pública e privada, sua validade e limitações, bem como sobre os procedimentos adequados para preservar a segurança das mesmas.

§ 2º. É defeso ao tabelião receber em depósito a chave privada, bem como solicitar informações pessoais do requerente, além das necessárias para desempenho de suas funções, devendo utilizá-las apenas para os propósitos da certificação.

Art. 26. O certificado de autenticidade das chaves públicas deverá conter, no mínimo, as seguintes informações:

I – identificação e assinatura digital do tabelião;

II – data de emissão do certificado;

III – identificação da chave pública e do seu titular, caso o certificado não seja diretamente apensado àquela;

IV – elementos que permitam identificar o sistema criptografado utilizado;

V – nome do titular e poder de representação de quem solicitou a certificação, no caso do titular ser pessoa jurídica.

Parágrafo único. Na falta de informação sobre o prazo de validade do certificado, este será de 2 (dois) anos, contados da data de emissão.

Seção II – Da Revogação de Certificados Eletrônicos

Art. 27. O tabelião deverá revogar um certificado eletrônico:

a) a pedido do titular da chave de assinatura ou de seu representante;

b) de ofício ou por determinação do Poder Judiciário, caso se verifique que o certificado foi expedido baseado em informações falsas; e

c) se tiver encerrado suas atividades, sem que tenha sido sucedido por outro tabelião.

§ 1º. A revogação deve indicar a data a partir da qual será aplicada.

§ 2º. Não se admite revogação retroativa, salvo nas hipóteses dos parágrafos 3º e 4º do art. 28.

Art. 28. O titular das chaves é obrigado a adotar as medidas necessárias para manter a confidencialidade da chave privada, devendo revogá-la de pronto, em caso de comprometimento de sua segurança.

§ 1º. A revogação da chave pública certificada deverá ser feita perante o tabelião que emitiu o certificado; se a chave revogada contiver certificados de autenticidade de vários oficiais, a revogação poderá ser feita perante qualquer deles, ao qual competirá informar os demais, de imediato.

§ 2º. A revogação da chave pública somente poderá ser solicitada pelo seu titular ou por procurador expressamente autorizado.

§ 3º. Pairando dúvida sobre a legitimidade do requerente, ou não havendo meios de demonstrá-la em tempo hábil, o tabelião suspenderá provisoriamente, por até trinta dias, a eficácia da chave pública, notificando imediatamente o seu titular, podendo, para tanto, utilizar-se de mensagem eletrônica; revogada a chave dentro deste prazo, os efeitos da revogação retroagirão à data da suspensão.

§ 4º. Havendo mera dúvida quanto à segurança da chave privada, é lícito ao titular pedir a suspensão dos certificados por até trinta dias, aplicando-se o disposto na parte final do parágrafo anterior.

Art. 29. O tabelião deverá manter serviço de informação, em tempo real e mediante acesso eletrônico remoto, sobre as chaves por ele certificadas, tornando-as acessíveis ao público, fazendo-se menção às que tenham sido revogadas.

Art. 30. O tabelião somente poderá certificar chaves geradas por sistema ou programa de computador que tenha recebido parecer técnico favorável a respeito de sua segurança e confiabilidade, emitido pelo Ministério da Ciência e Tecnologia.

Seção III – Do Encerramento das Atividades de Certificação

Art. 31. Caso encerre as atividades de certificação eletrônica, o tabelião deverá assegurar que os certificados emitidos sejam transferidos para outro tabelião, ou sejam bloqueados.

Art. 32. O tabelião deverá transferir as documentações referidas nos arts. 25 e 40 desta lei, ao tabelião que lhe suceder, ou, caso não haja sucessão, ao Poder Judiciário.

Seção IV – Da Autenticação Eletrônica

Art. 33. A assinatura digital do tabelião, lançada em cópia eletrônica de documento físico original, tem o valor de autenticação.

Art. 34. A autenticação de cópia física de documento eletrônico original conterá:

a) o nome dos que nele apuseram assinatura digital;

b) os identificadores das chaves públicas utilizadas para conferência das assinaturas e respectivas certificações que contiverem;

c) a data das assinaturas;

d) a declaração de que a cópia impressa confere com o original eletrônico e de que as assinaturas digitais foram conferidas pelo escrivão com o uso das chaves públicas acima indicadas;

e) data e assinatura do escrivão.

Seção V – Da Responsabilidade dos Tabeliães

Art. 35. O tabelião é responsável civilmente pelos danos diretos e indiretos sofridos pelos titulares dos certificados e quaisquer terceiros, em consequência do descumprimento, por si próprios, seus prepostos ou substitutos que indicarem, das obrigações decorrentes do presente diploma e sua regulamentação.

Seção VI – Dos Registros Eletrônicos

Art. 36. O Registro de Título e Documentos fica autorizado a proceder à transcrição e ao registro de documentos eletrônicos particulares, para os fins previstos na Lei nº 6.015, de 31 de dezembro de 1973.

Parágrafo único. Poderá o Poder Judiciário autorizar o uso de documentos eletrônicos em atividades notariais e de registro não previstas expressamente na presente lei, adotando a regulamentação adequada, considerando inclusive as questões de segurança envolvidas.

TÍTULO V – AUTORIDADES COMPETENTES

Capítulo I – Do Poder Judiciário

Art. 37. Compete ao Poder Judiciário:

a) autorizar os tabeliães a exercerem atividade de certificação eletrônica;

b) regulamentar o exercício das atividades de certificação, obedecidas as disposições desta lei;

c) fiscalizar o cumprimento, pelos tabeliães, do disposto nesta lei e nas normas por ele adotadas, quanto ao exercício de suas funções; e

d) impor as penalidades administrativas cabíveis, obedecido o processo legal, e independente das responsabilidades civis e penais dos tabeliães e seus oficiais.

Parágrafo único. Não será deferida autorização ao exercício da atividade de certificação eletrônica a tabelião que não apresentar parecer técnico favorável emitido pelo Ministério da Ciência e Tecnologia.

Capítulo II – Do Ministério da Ciência e Tecnologia

Art. 38. Compete ao Ministério de Ciência e Tecnologia:

a) regulamentar os aspectos técnicos do exercício de atividade de certificação eletrônica pelos tabeliães, dispondo inclusive sobre os elementos que devam ser observados em seus planos de segurança;

b) emitir parecer técnico sobre solicitação de tabelião para o exercício de atividade de certificação eletrônico; e

c) emitir os certificados para chaves de assinatura que a serem utilizadas pelos tabeliães para firmarem certificados, devendo manter constantemente acessíveis ao público os certificados que tenha emitido, através de conexão por instrumentos de telecomunicações.

§ 1º. O Ministério da Ciência e Tecnologia revisará a cada 2 (dois) anos o regulamento técnico da certificação eletrônica, previsto na alínea "a" deste artigo, de forma a mantê-lo atualizado de acordo com os avanços da tecnologia.

§ 2º. Não será emitido parecer técnico favorável ao solicitante que:

a) não apresentar conhecimento ou as condições técnicas necessárias para o exercício de suas atividades;

b) não apresentar plano de segurança, ou, apresentando-o, for ele indeferido, ou ainda, caso seja constatado que o plano por ele proposto não está adequadamente implantado em suas dependências e sistemas.

Art. 39. Deverá o Ministério da Ciência e Tecnologia promover fiscalização em periodicidade adequada, quanto ao cumprimento, pelos tabeliães, das normas técnicas por ele adotadas.

Parágrafo único. Apurando a fiscalização de que trata este artigo qualquer irregularidade no cumprimento das normas técnicas, deverá notificar o tabelião para apresentar defesa no prazo máximo de 5 (cinco) dias, bem como emitir, a propósito da defesa apresentada, manifestação fundamentada, em igual prazo, encaminhando os autos para o Poder Judiciário decidir.

Art. 40. O tabelião deverá:

a) documentar os sistemas que emprega na certificação, e as medidas constantes de seu plano de segurança, permitindo acesso a essa documentação pela fiscalização do Ministério de Ciência e Tecnologia; e

b) documentar os certificados expedidos, vigentes, esgotados e revogados, permitindo acesso a essa documentação pela fiscalização do Poder Judiciário.

TÍTULO VI – SANÇÕES ADMINISTRATIVAS

Art. 41. As infrações às normas estabelecidas nos Títulos IV e V desta lei, independente das sanções de natureza penal, e reparação de danos que causarem, sujeitam os tabeliães às seguintes penalidades:

I – multa, de R$ 10.000,00 (dez mil reais) a R$ 1.000.000,00 (um milhão de reais);

II – suspensão de certificado;

III – cancelamento de certificado;

IV – suspensão da autorização para exercício de atividade de certificação eletrônica;

V – cassação da autorização para exercício de atividade de certificação eletrônica;

VI – cassação de licença de funcionamento.

Art. 42. As sanções estabelecidas no artigo anterior serão aplicadas pelo Poder Judiciário, considerando-se a gravidade da infração, vantagem auferida, capacidade econômica, e eventual reincidência.

Parágrafo único. As penas previstas nos incisos II e IV poderão ser impostas por medida cautelar antecedente ou incidente de procedimento administrativo.

TÍTULO VII – SANÇÕES PENAIS

Art. 43. Equipara-se ao crime de falsificação de papéis públicos, sujeitando-se às penas do art. 293 do Código Penal, a falsificação, com fabricação ou alteração, de certificado eletrônico público.

Parágrafo único. Incorre na mesma pena de crime de falsificação de papéis públicos quem utilizar certificado eletrônico público falsificado.

Art. 44. Equipara-se ao crime de falsificação de documento público, sujeitando-se às penas previstas no art. 297 do Código Penal, a falsificação, no todo ou em parte, de documento eletrônico público, ou alteração de documento eletrônico público verdadeiro.

Parágrafo único. Se o agente é funcionário público, e comete o crime prevalecendo-se do cargo, aplica-se o disposto no § 1º do art. 297 do Código Penal.

Art. 45. Equipara-se ao crime de falsidade de documento particular, sujeitando-se às penas do art. 298 do Código Penal, a falsificação, no todo ou em parte, de documento eletrônico particular, ou alteração de documento eletrônico particular verdadeiro.

Art. 46. Equipara-se ao crime de falsidade ideológica, sujeitando-se às penas do art. 299 do Código Penal, a omissão, em documento eletrônico público ou particular, de declaração que dele devia constar, ou a inserção ou fazer com que se efetue inserção, de declaração falsa ou diversa da que devia ser escrita, com o fim de prejudicar direito, criar obrigação ou alterar a verdade sobre fato juridicamente relevante.

Parágrafo único. Se o agente é funcionário público, e comete o crime prevalecendo-se do cargo, aplica-se o disposto no parágrafo único do art. 299 do Código Penal.

Art. 47. Equipara-se ao crime de falso reconhecimento de firma, sujeitando-se às penas do art. 300 do Código Penal, o reconhecimento, como verdadeira, no exercício de função pública, de assinatura eletrônica, que não o seja.

Art. 48. Equipara-se ao crime de supressão de documento, sujeitando-se às penas do art. 305 do Código Penal, a destruição, supressão ou ocultação, em benefício próprio ou de outrem, de documento eletrônico público ou particular verdadeiro, de que não se poderia dispor.

Art. 49. Equipara-se ao crime de extravio, sonegação ou inutilização de documento, sujeitando-se às penas previstas no art. 314 do Código Penal, o extravio de qualquer documento eletrônico, de que se tem a guarda em razão do cargo; ou sua sonegação ou inutilização, total ou parcial.

TÍTULO VIII – DISPOSIÇÕES GERAIS

Art. 50. As certificações estrangeiras de assinaturas digitais terão o mesmo valor jurídico das expedidas no país, desde que entidade certificadora esteja sediada e seja devidamente reconhecida, em país signatário de acordos internacionais dos quais seja parte o Brasil, relativos ao reconhecimento jurídico daqueles certificados.

Parágrafo único. O Ministério da Ciência e Tecnologia fará publicar nos nomes das entidades certificadoras estrangeiras que atendam aos requisitos determinados neste artigo.

Art. 51. Para a solução de litígios de matérias objeto desta lei poderá ser empregado sistema de arbitragem, obedecidos os parâmetros da Lei nº 9.037, de 23 de setembro de 1996, dispensada a obrigação decretada no § 2º de seu art. 4º, devendo, entretanto, efetivar-se destacadamente a contratação eletrônica da cláusula compromissória.

TÍTULO IX – DISPOSIÇÕES FINAIS

Art. 52. O Poder Executivo regulamentará a presente lei no prazo de 30 dias, após o qual deverão o Ministério da Ciência e Tecnologia e o Poder Judiciário, no prazo de 60 dias, baixar as normas necessárias para o exercício das atribuições conferidas pela presente lei.

Art. 53. A presente lei entrará em vigor no prazo de 180 dias da data de sua publicação.

JUSTIFICAÇÃO

1. Os avanços tecnológicos têm causado forte impacto sobre as mais diversas áreas do conhecimento e das relações humanas.

O comércio eletrônico representa um dos exemplos mais significativos dessa verdadeira revolução social.

2. O direito, por sua vez, tem por uma de suas principais características o hiato temporal existente entre o conhecimento das mudanças sociais, sua compreensão, as tentativas iniciais de tratá-las à luz de conceitos tradicionais e, finalmente, a adoção de princípios próprios para regular as relações que delas resultam.

Essa característica, que tem o grande mérito de assegurar a segurança jurídica mesmo nas grandes revoluções sociais, encontra, porém, na velocidade com que a tecnologia as têm causado, também seu impacto, requerendo seja menor o tempo necessário para adoção de disciplina para as novas relações sociais.

3. Diversos países já adotaram leis especiais tratando das transações eletrônicas, especialmente no que se refere à questão do documento eletrônico e da assinatura digital.

4. A primeira lei dispondo sobre essas questões foi promulgada pelo Estado de Utah, denominada Digital Signature Act, ou Lei da Assinatura Digital. Hoje, a maioria dos Estados norte-americanos já dispõe de leis tratando, com maior ou menor abrangência, dessa matéria, sendo hoje a grande preocupação harmonizar em nível federal essas legislações.

5. Na Europa, também, diversos países já adotaram leis específicas dispondo sobre essas questões: Itália, Alemanha, e mais recentemente Portugal, já promulgaram leis próprios. E já há, também, no âmbito da Comunidade Europeia, a preocupação de definir parâmetros a serem adotados por todos os países que a compõe, de forma a permitir harmonização entre essas diferentes leis nacionais.

6. Na América Latina já existem igualmente leis dispondo sobre documentos eletrônicos e assinatura digital.

A Argentina, por exemplo, teve no Decreto nº 427, de 16 de abril de 1998, o marco inicial na regulamentação da assinatura digital, embora restrita ao âmbito da administração pública. Tem a Argentina, atualmente, anteprojeto de lei apresentado pela Comissão Redatora nomeada pelo Ministério da Justiça.

O Uruguai, o marco para validade do documento eletrônico foi a promulgação da Lei nº 16.002, de 25 de novembro de 1988, posteriormente alterada pela Lei nº 16.736, de 5 de janeiro de 1996, universalizando a origem e o destino do documento eletrônico, para fins de reconhecimento legal, que antes tinha seu reconhecimento limitado às correspondências entre órgãos governamentais.

7. Ao lado da preocupação em assegurar validade jurídica ao documento eletrônico e à assinatura digital, surgiu, em meados desta década, outra preocupação: a de disciplinar o próprio comércio eletrônico.

8. Em 1996, a UNCITRAL adotou Lei Modelo sobre Comércio Eletrônico, propondo as principais normas a serem adotadas nas legislações nacionais, visando a criar ambiente internacional para o desenvolvimento dessa nova modalidade de negócios.

Em 1º julho de 1997, o Presidente dos Estados Unidos, Bill Clinton, propôs uma série de linhas mestras a serem adotadas pelos países, quer no âmbito de suas legislações, quer no que tange aos procedimentos dos governos e das empresas, de forma a permitir o progresso global do comércio.

No mesmo período ocorreu a "Global Information Networks: Realizing the Potencial", em Bona, que resultou em recomendações sobre o comércio eletrônico no âmbito da Comunidade Europeia e da cooperação internacional.

Desses movimentos nasceu, no final daquele ano, a declaração conjunta sobre comércio eletrônico, firmada pelos presidentes dos Estados Unidos e da Comunidade Europeia.

9. Ainda no âmbito da Comunidade Europeia, encontra-se em final de tramitação proposta de diretiva do Parlamento Europeu e do Conselho, visando a definir um quadro de assinaturas eletrônicas.

10. Não há, no Brasil, lei tratando do documento eletrônico ou da assinatura digital. Nem há projetos dispondo sobre essas matérias.

As normas tradicionais sobre documentos restringem-se hoje àqueles apostos em suportes físicos – em geral, papel -, e poderiam sofrer debate intenso até que se estabelecesse servirem ou não ao documento eletrônico.

Mais grave ainda é a situação da assinatura digital, já que, neste caso, a falta de regulamentação própria que considerasse inclusive os aspectos de segurança poderia levar a graves distorções em seu emprego.

11. Por outro lado, também não temos leis dispondo sobre o comércio eletrônico, o que parece fundamental, para criar a segurança jurídica imprescindível aos empresários e aos consumidores, para seu melhor desenvolvimento.

12. Diante disso, e considerando que o hiato temporal do direito, inicialmente referido, poderia representar embaraço ao rápido desenvolvimento do comércio eletrônico, bem como para evitar distorções no uso desse importante instrumento, é que a Ordem dos Advogados do Brasil – Secção São Paulo, por sua Comissão Especial de Informática Jurídica, desenvolveu o presente anteprojeto de lei, dispondo não apenas sobre o comércio eletrônico, mas também sobre seus principais instrumentos – o documento eletrônico e a assinatura digital.

13. Quanto ao comércio eletrônico, serviram de inspiração duas das principais normas internacionais: a Lei Modelo da Uncitral e a proposta de diretiva europeia.

14. Com esses modelos, supera-se uma das maiores dificuldades encontradas ao tratar da questão: a transnacionalidade dos negócios eletrônicos, já que se tomou por paralelo propostas que visam exatamente à uniformização das legislações nacionais.

15. Quanto ao documento eletrônico e à assinatura digital, foram analisadas as principais leis hoje existentes.

16. Os principais problemas que se apresentam em relação àqueles institutos são o da segurança da titularidade da assinatura e da integridade das informações lançadas no documento eletrônico.

Verificou-se que as legislações nacionais, e mesmo as estaduais, no caso dos Estados Unidos, contemplam solução única para ambos os problemas: a adoção da criptografia assimétrica que, significando enorme avanço em relação à criptografia tradicional, simétrica, é composta por duas chaves, uma privada, de conhecimento exclusivo de seu titular, e uma pública, de conhecimento público.

17. O emprego dessa técnica deve considerar a existência de uma terceira parte: a autoridade certificadora, ou entidade certificante, a quem compete certificar a titularidade da chave pública, dando credibilidade à assinatura e ao documento eletrônicos.

18. Na disciplina dessas entidades, foi necessário considerar o disposto no art. 236 da Constituição do Brasil, que dispõe sobre os serviços notariais e de registro, exercidos em caráter privado mas por delegação do Poder Público, e definidos, pelo art. 1º da Lei nº 8.935, de 18 de novembro de 1994, que regulamentou referido dispositivo constitucional, como aqueles destinados a garantir a publicidade, autenticidade, segurança e eficácia dos atos jurídicos – exatamente o que a certificação visa em relação à assinatura e ao documento eletrônicos.

19. Dividiu-se, assim, a atividade de certificação, em dois grupos distintos, com eficácias diferentes: as certidões eletrônicas por entidades privadas, de caráter comercial, essencialmente privado; e as certidões eletrônicas por tabeliães, de caráter publico, e que geram presunção de autenticidade do documento ou da assinatura eletrônica.

20. Com essa disciplina distinta, se legitima a atuação das entidades privadas de certificação, importantes, mas que não têm fé pública, restringida esta aos tabeliães.

21. Dessa regra decorrerá toda a disciplina proposta no anteprojeto, em relação à validade jurídica do documento digital.

22. Destaque-se também que, em relação à atividade pública de certificação, realizada pelos tabeliães, decidiu-se propor no anteprojeto duas autoridades distintas, no controle daquela atividade:

a) o Poder Judiciário, a quem, nos termos do art. 236 da Constituição do Brasil, compete sua fiscalização, e

b) o Ministério da Ciência e Tecnologia, que cumprirá papel das definições técnicas, inclusive quanto à segurança adequada para o uso da tecnologia de certificações.

23. É também importante destacar que o anteprojeto partiu do princípio de que os conceitos tradicionais não devem ser pura e simplesmente afastados, mas sim ajustados à realidade do comércio eletrônico, dando segurança maior às partes, inclusive no que diz respeito aos futuros pronunciamentos do próprio Poder Judiciário.

Assim, o projeto adotou a técnica de não pretender conceituar os novos institutos, nem criar novos tipos jurídicos, preferindo inclusive manter o estilo de redação dos dispositivos que já dispõem sobre aspectos jurídicos do documento eletrônico, seja no âmbito civil, seja na tipificação penal, de forma a permitir melhor compreensão por parte dos operadores do direito.

24. Finalmente, destaque-se também que o anteprojeto, levando ainda em consideração que o comércio eletrônico tem, como das principais características, a transnacionalidade, propõe tenham as certificações estrangeiras a mesma eficácia das certificações nacionais, desde que a entidade certificadora tenha sede em país signatário de acordos internacionais dos quais seja parte o Brasil, relativos ao reconhecimento jurídico dos certificados eletrônicos.

9.5. DECRETO Nº 3.587, DE 5 DE SETEMBRO DE 2000

Estabelece normas para a Infraestrutura de Chaves Públicas do Poder Executivo Federal – ICP-Gov, e dá outras providências.

Capítulo I – Disposições Preliminares

Art. 1º. A Infraestrutura de Chaves Públicas do Poder Executivo Federal – ICP- Gov será instituída nos termos deste Decreto.

Art. 2º. A tecnologia da ICP-Gov deverá utilizar criptografia assimétrica para relacionar um certificado digital a um indivíduo ou a uma entidade.

§ 1º. A criptografia utilizará duas chaves matematicamente relacionadas, onde uma delas é pública e, a outra, privada, para criação de assinatura digital, com a qual será possível a realização de transações eletrônicas seguras e a troca de informações sensíveis e classificadas.

§ 2º. A tecnologia de Chaves Públicas da ICP-Gov viabilizará, no âmbito dos órgãos e das entidades da Administração Pública Federal, a oferta de serviços de sigilo, a validade, a autenticidade e integridade de dados, a irrevogabilidade e irretratabilidade das transações eletrônicas e das aplicações de suporte que utilizem certificados digitais.

Art. 3º. A ICP-Gov deverá contemplar, dentre outros, o conjunto de regras e políticas a serem definidas pela Autoridade de Gerência de Políticas – AGP, que visem estabelecer padrões técnicos, operacionais e de segurança para os vários processos das Autoridades Certificadoras – AC, integrantes da ICP-Gov.

Art. 4º. Para garantir o cumprimento das regras da ICP-Gov, serão instituídos processos de auditoria, que verifiquem as relações entre os requisitos operacionais determinados pelas características dos certificados e os procedimentos operacionais adotados pelas autoridades dela integrantes.

Parágrafo único. Além dos padrões técnicos, operacionais e de segurança, a ICP-Gov definirá os tipos de certificados que podem ser gerados pelas AC.

Capítulo II – Da Organização da ICP-Gov

Art. 5º. A arquitetura da ICP-Gov encontra-se definida no Anexo I a este Decreto.

Art. 6º. À Autoridade de Gerência de Políticas – AGP, integrante da ICP-Gov, compete:

I – propor a criação da Autoridade Certificadora Raiz – AC Raiz;

II – estabelecer e administrar as políticas a serem seguidas pelas AC;

III – aprovar acordo de certificação cruzada e mapeamento de políticas entre a ICP-Gov e outras ICP externas;

IV – estabelecer critérios para credenciamento das AC e das Autoridades de Registro – AR;

V – definir a periodicidade de auditoria nas AC e AR e as sanções pelo descumprimento de normas por ela estabelecidas;

VI – definir regras operacionais e normas relativas a:
a) Autoridade Certificadora – AC;
b) Autoridade de Registro – AR;
c) assinatura digital;
d) segurança criptográfica;
e) repositório de certificados;
f) revogação de certificados;

g) cópia de segurança e recuperação de chaves;

h) atualização automática de chaves;

i) histórico de chaves;

j) certificação cruzada;

l) suporte a sistema para garantia de irretratabilidade de transações ou de operações eletrônicas;

m) período de validade de certificado;

n) aplicações cliente;

VII – atualizar, ajustar e revisar os procedimentos e as práticas estabelecidas para a ICP-Gov, em especial da Política de Certificados – PC e das Práticas e Regras de Operação da Autoridade Certificadora, de modo a garantir:

a) atendimento às necessidades dos órgãos e das entidades da Administração Pública Federal;

b) conformidade com as políticas de segurança definidas pelo órgão executor da ICP-Gov; e

c) atualização tecnológica.

Art. 7º. Para assegurar a manutenção do grau de confiança estabelecido para a ICP-Gov, as AC e AR deverão credenciar-se junto a AGP, de acordo com as normas e os critérios por esta autoridade estabelecidos.

Art. 8º. Cabe à AC Raiz a emissão e manutenção dos certificados das AC de órgãos e entidades da Administração Pública Federal e das AC privadas credenciadas, bem como o gerenciamento da Lista de Certificados Revogados – LCR.

Parágrafo único. Poderão ser instituídos níveis diferenciados de credenciamento para as AC, de conformidade com a sua finalidade.

Art. 9º. As AC devem prestar os seguintes serviços básicos:

I – emissão de certificados;

II – revogação de certificados;

III – renovação de certificados;

IV – publicação de certificados em diretório;

V – emissão de Lista de Certificados Revogados – LCR;

VI – publicação de LCR em diretório; e

VII – gerência de chaves criptográficas.

Parágrafo único. A disponibilização de certificados emitidos e de LCR atualizada será proporcionada mediante uso de diretório seguro e de fácil acesso.

Art. 10. Cabe às AR:

I – receber as requisições de certificação ou revogação de certificado por usuários, confirmar a identidade destes usuários e a validade de sua requisição e encaminhar esses documentos à AC responsável;

II – entregar os certificados assinados pela AC aos seus respectivos solicitantes.

Capítulo III – Do Modelo Operacional

Art. 11. A emissão de certificados será precedida de processo de identificação do usuário, segundo critérios e métodos variados, conforme o tipo ou em função do maior ou menor grau de sua complexidade.

Art. 12. No processo de credenciamento das AC, deverão ser utilizados, além de critérios estabelecidos pela AGP e de padrões técnicos internacionalmente reconhecidos, aspectos adicionais relacionados a:

I – plano de contingência;

II – política e plano de segurança física, lógica e humana;

III – análise de riscos;

IV – capacidade financeira da proponente;

V – reputação e grau de confiabilidade da proponente e de seus gerentes;

VI – antecedentes e histórico no mercado; e

VII – níveis de proteção aos usuários dos seus certificados, em termos de cobertura jurídica e seguro contra danos.

Parágrafo único. O disposto nos incisos IV a VII não se aplica aos credenciamentos de AC Públicas.

Art. 13. Obedecidas às especificações da AGP, os órgãos e as entidades da Administração Pública Federal poderão implantar sua própria ICP ou ofertar serviços de ICP integrados à ICP-Gov.

Art. 14. A AC Privada, para prestar serviço à Administração Pública Federal, deve observar as mesmas diretrizes da AC Governamental, salvo outras exigências que vierem a ser fixadas pela AGP.

Capítulo IV – Da Política de Certificação

Art. 15. Serão definidos tipos de certificados, no âmbito da ICP-Gov, que atendam às necessidades gerais da maioria das aplicações, de forma a viabilizar a interoperabilidade entre ambientes computacionais distintos, dentro da Administração Pública Federal.

§ 1º. Serão criados certificados de assinatura digital e de sigilo, atribuindo-se- lhes os seguintes níveis de segurança, consoante o processo envolvido:

I – ultra-secretos;

II – secretos;

III – confidenciais;

IV – reservados; e

V – ostensivos.

§ 2º. Os certificados, além de outros que a AGP poderá estabelecer, terão uso para:

I – assinatura digital de documentos eletrônicos;

II – assinatura de mensagem de correio eletrônico;

III – autenticação para acesso a sistemas eletrônicos; e
IV – troca de chaves para estabelecimento de sessão criptografada.

Art. 16. À AGP compete tomar as providências necessárias para que os documentos, dados e registros armazenados e transmitidos por meio eletrônico, óptico, magnético ou similar passem a ter a mesma validade, reconhecimento e autenticidade que se dá a seus equivalentes originais em papel.

Capítulo V – Das Disposições Finais

Art. 17. Para instituição da ICP-Gov, deverá ser efetuado levantamento das demandas existentes nos órgãos governamentais quanto aos serviços típicos derivados da tecnologia de Chaves Públicas, tais como, autenticação, sigilo, integridade de dados e irretratabilidade das transações eletrônicas.

Art. 18. O Glossário constante do Anexo II apresenta o significado dos termos e siglas em português, que são utilizados no sistema de Chaves Públicas.

Art. 19. Compete ao Comitê Gestor de Segurança da Informação a concepção, a especificação e a coordenação da implementação da ICP-Gov, conforme disposto no art. 4º, inciso XIV, do Decreto nº 3.505, de 13 de junho de 2000.

Art. 20. Fica estabelecido o prazo de cento e vinte dias, contados a partir da data de publicação deste Decreto, para especificação, divulgação e início da implementação da ICP-Gov.

Art. 21. Implementados os procedimentos para a certificação digital de que trata este Decreto, a Casa Civil da Presidência da República estabelecerá cronograma com vistas à substituição progressiva do recebimento de documentos físicos por meios eletrônicos.

Art. 22. Este Decreto entra em vigor na data de sua publicação.

Anexo I – Arquitetura da ICP-Gov

Anexo II – Glossário

Autenticação (Authentication) – Processo utilizado para confirmar a identidade de uma pessoa ou entidade, ou para garantir a fonte de uma mensagem.

Autoridade Certificadora – AC (Certification Authority – CA) – Entidade que emite certificados de acordo com as práticas definidas na Declaração de Regras Operacionais – DRO. É comumente conhecida por sua abreviatura – AC.

Autoridade Registradora – AR (Registration Authority – RA) – Entidade de registro. Pode estar fisicamente localizada em uma AC ou ser uma entidade de registro remota. É parte integrante de uma AC.

Assinatura Digital (Digital Signature) – Transformação matemática de uma mensagem por meio da utilização de uma função matemática e da criptografia assimétrica do resultado desta com a chave privada da entidade assinante.

APÊNDICE

Autorização (Authorization) – Obtenção de direitos, incluindo a habilidade de acessar uma informação específica ou recurso de uma maneira específica.

Chave Privada (Private Key) – Chave de um par de chaves mantida secreta pelo seu dono e usada no sentido de criar assinaturas para cifrar e decifrar mensagens com as Chaves Públicas correspondentes.

Certificado de Chave Pública (Certificate) – Declaração assinada digitalmente por uma AC, contendo, no mínimo:

— o nome distinto (DN – Distinguished Name) de uma AC, que emitiu o certificado;
— o nome distinto de um assinante para quem o certificado foi emitido;
— a Chave Pública do assinante;
— o período de validade operacional do certificado;
— o número de série do certificado, único dentro da AC; e
— uma assinatura digital da AC que emitiu o certificado com todas as informações citadas acima.

Chave Pública (Public Key) – Chave de um par de chaves criptográficas que é divulgada pelo seu dono e usada para verificar a assinatura digital criada com a chave privada correspondente ou, dependendo do algoritmo criptográfico assimétrico utilizado, para cifrar e decifrar mensagens.

Cifração (Encryption) – Processo de transformação de um texto original ("plaintext") em uma forma incompreensível ("ciphertext") usando um algoritmo criptográfico e uma chave criptográfica.

Credenciamento (Accreditation) – Processo de aprovação de políticas e procedimentos de uma AC, de forma que a mesma seja autorizada a participar de uma ICP.

Criptografia (Cryptography) – Disciplina que trata dos princípios, meios e métodos para a transformação de dados, de forma a proteger a informação contra acesso não autorizado a seu conteúdo.

Criptografia de Chave Pública (Public Key Cryptography) – Tipo de criptografia que usa um par de chaves criptográficas matematicamente relacionadas. As Chaves Públicas podem ficar disponíveis para qualquer um que queira cifrar informações para o dono da chave privada ou para verificação de uma assinatura digital criada com a chave privada correspondente. A chave privada é mantida em segredo pelo seu dono e pode decifrar informações ou gerar assinaturas digitais.

Declaração de Regras Operacionais – DRO (Certification Practice Statement – CPS) – Documento que contém as práticas e atividades que uma AC implementa para emitir certificados. É a declaração da entidade certificadora a respeito dos detalhes do seu sistema de credenciamento e as práticas e políticas que fundamentam a emissão de certificados e outros serviços relacionados.

Emissão de Certificado (Certificate Issuance) – Emissão de um certificado por uma AC após a validação de seus dados, com a subsequente notificação do requente sobre o conteúdo do certificado.

Gerenciamento de Certificado (Certificate Management) – Ações tomadas por uma AC, baseadas na sua DRO após a emissão do certificado, como armazenamento, disseminação e a subsequente notificação, publicação e renovação do certificado. Uma AC considera certificados emitidos e aceitos como válidos a partir da sua publicação.

Infraestrutura de Chaves Públicas – ICP (Public Key Infrastructure – PKI) – Arquitetura, organização, técnicas, práticas e procedimentos que suportam, em conjunto, a implementação e a operação de um sistema de certificação baseado em criptografia de Chaves Públicas.

Integridade de Mensagem (Message Integrity) – Garantia de que a mensagem não foi alterada durante a sua transferência, do emissor da mensagem para o seu receptor.

Irretratabilidade (Nonrepudiation) – Garantia de que o emissor da mensagem não irá negar posteriormente a autoria de uma mensagem ou participação em uma transação, controlada pela existência da assinatura digital que somente ele pode gerar.

Lista de Certificados Revogados – LCR (Certification Revocation List – CRL) – Lista dos números seriais dos certificados revogados, que é digitalmente assinada e publicada em um repositório. A lista contém ainda a data da emissão do certificado revogado e outras informações, tais como as razões específicas para a sua revogação.

Mensagem (Message) – Registro contendo uma representação digital da informação, como um dado criado, enviado, recebido e guardado em forma eletrônica.

Par de Chaves (Key Pair) – Chaves privada e pública de um sistema criptográfico assimétrico. A Chave Privada e sua Chave Pública são matematicamente relacionadas e possuem certas propriedades, entre elas a de que é impossível a dedução da Chave Privada a partir da Chave Pública conhecida. A Chave Pública pode ser usada para verificação de uma assinatura digital que a Chave Privada correspondente tenha criado ou a Chave Privada pode decifrar a uma mensagem cifrada a partir da sua correspondente Chave Pública.

Política de Certificação – PC (Certificate Police – CP) – Documento que estabelece o nível de segurança de um determinado certificado.

Raiz (Root) – Primeira AC em uma cadeia de certificação, cujo certificado é autoassinado, podendo ser verificado por meio de mecanismos e procedimentos específicos, sem vínculos com este.

Registro (Record) – Informação registrada em um meio tangível (um documento) ou armazenada em um meio eletrônico ou qualquer outro meio perceptível.

Repositório (Repository) – Sistema confiável e acessível "on-line" para guardar e recuperar certificados e informações relacionadas com certificados.

Revogação de Certificado (Certificate Revocation) – Encerramento do período operacional de um certificado, podendo ser, sob determinadas circunstâncias, implementado antes do período operacional anteriormente definido.

Sigilo (Confidentiality) – Condição na qual dados sensíveis são mantidos secretos e divulgados apenas para as partes autorizadas.

Sistema Criptográfico Assimétrico (Asymmetric Criptosystem) – Sistema que gera e usa um par de chaves seguras, consistindo de uma chave privada para a criação de assinaturas digitais ou decodificar de mensagens criptografadas e uma Chave Pública para verificação de assinaturas digitais ou de mensagens codificadas.

9.6. DECRETO Nº 3.714, DE 3 DE JANEIRO DE 2001

Dispõe sobre a remessa por meio eletrônico de documentos a que se refere o art. 57-A do Decreto nº 2.954, de 29 de janeiro de 1999, e dá outras providências.

O Presidente da República, no uso das atribuições que lhe confere o art. 84, incisos IV e VI, da Constituição,

Decreta:

Art. 1º. Para o cumprimento do disposto no art. 57-A do Decreto nº 2.954, de 29 de janeiro de 1999, serão observados os procedimentos estabelecidos neste Decreto.

Parágrafo único. Será utilizado o meio eletrônico, na forma estabelecida neste Decreto, para remessa de aviso ministerial, exceto nos casos em que for impossível a utilização desse meio.

• *Parágrafo incluído pelo Decreto nº 3.779, de 23.3.2001.*

Art. 2º. A transmissão dos documentos a que se refere este Decreto, assinados eletronicamente pela autoridade competente, far-se-á por sistema que lhes garanta a segurança, a autenticidade e a integridade de seu conteúdo, bem como a irretratabilidade ou irrecusabilidade de sua autoria.

Art. 3º. Cada Ministério criará caixa postal específica para recepção e remessa eletrônica de propostas dos atos a que se refere o Decreto nº 2.954, de 1999.

Parágrafo único. A Casa Civil da Presidência da República fixará o número de servidores que serão indicados e credenciados, pelos Ministros de Estado, para receber e dar destinação aos atos de que trata este artigo.

Art. 4º. A recepção dos documentos oficiais referidos no artigo anterior será objeto de confirmação mediante aviso de recebimento eletrônico.

Art. 5º. A caixa postal de que trata o art. 3º será dotada de dispositivo ou sistema de segurança que impeça a alteração ou a supressão dos documentos remetidos ou recebidos.

Art. 6º. O documento recebido na Casa Civil da Presidência da República será submetido ao Presidente da República para despacho, na forma estabelecida pelo Chefe da Casa Civil.

Art. 7º. Havendo necessidade de reprodução de documento em outro meio que não seja o eletrônico, o servidor responsável certificará a autenticidade da cópia ou reprodução.

Art. 8º. Cabe à Casa Civil da Presidência da República a administração do sistema a que se refere este Decreto aplicando-se, no que couber, o disposto no Decreto nº 3.587, de 5 de setembro de 2000.

Art. 9º. O Chefe da Casa Civil da Presidência da República poderá expedir normas complementares para cumprimento do disposto neste Decreto.

Art. 10. Este Decreto entra em vigor na data de sua publicação.

Brasília, 3 de janeiro de 2001; 180º da Independência e 113º da República.

Fernando Henrique Cardoso – *Pedro Parente*
DOU de 4.1.2001

9.7. DECRETO Nº 4.829, DE 3 DE SETEMBRO DE 2003

Dispõe sobre a criação do Comitê Gestor da Internet no Brasil – CGI.br, sobre o modelo de governança da Internet no Brasil, e dá outras providências.

O Presidente da República, no uso das atribuições que lhe confere o art. 84, incisos II e VI, alínea "a", da Constituição,

Decreta:

Art. 1º. Fica criado o Comitê Gestor da *Internet* no Brasil – CGI.br, que terá as seguintes atribuições:

I – estabelecer diretrizes estratégicas relacionadas ao uso e desenvolvimento da *Internet* no Brasil;

II – estabelecer diretrizes para a organização das relações entre o Governo e a sociedade, na execução do registro de Nomes de Domínio, na alocação de Endereço IP (*Internet Protocol*) e na administração pertinente ao Domínio de Primeiro Nível (*ccTLD – country code Top Level Domain*), ".br", no interesse do desenvolvimento da *Internet* no País;

III – propor programas de pesquisa e desenvolvimento relacionados à *Internet*, que permitam a manutenção do nível de qualidade técnica e inovação no uso, bem como estimular a sua disseminação em todo o território nacional, buscando oportunidades constantes de agregação de valor aos bens e serviços a ela vinculados;

IV – promover estudos e recomendar procedimentos, normas e padrões técnicos e operacionais, para a segurança das redes e serviços de *Internet*, bem assim para a sua crescente e adequada utilização pela sociedade;

V – articular as ações relativas à proposição de normas e procedimentos relativos à regulamentação das atividades inerentes à *Internet*;

VI – ser representado nos fóruns técnicos nacionais e internacionais relativos à *Internet*;

VII – adotar os procedimentos administrativos e operacionais necessários para que a gestão da *Internet* no Brasil se dê segundo os padrões internacionais aceitos pelos órgãos de cúpula da *Internet*, podendo, para tanto, celebrar acordo, convênio, ajuste ou instrumento congênere;

VIII – deliberar sobre quaisquer questões a ele encaminhadas, relativamente aos serviços de *Internet* no País; e

IX – aprovar o seu regimento interno.

Art. 2º. O CGI.br será integrado pelos seguintes membros titulares e pelos respectivos suplentes:

I – um representante de cada órgão e entidade a seguir indicados:

a) Ministério da Ciência e Tecnologia, que o coordenará;

b) Casa Civil da Presidência da República;

c) Ministério das Comunicações;

d) Ministério da Defesa;

e) Ministério do Desenvolvimento, Indústria e Comércio Exterior;

f) Ministério do Planejamento, Orçamento e Gestão;

g) Agência Nacional de Telecomunicações; e

h) Conselho Nacional de Desenvolvimento Científico e Tecnológico;

II – um representante do Fórum Nacional de Secretários Estaduais para Assuntos de Ciência e Tecnologia;

III – um representante de notório saber em assuntos de *Internet*;

IV – quatro representantes do setor empresarial;

V – quatro representantes do terceiro setor; e

VI – três representantes da comunidade científica e tecnológica.

Art. 3º. O Fórum Nacional de Secretários Estaduais para Assuntos de Ciência e Tecnologia será representado por um membro titular e um suplente, a serem indicados por sua diretoria, com mandato de três anos, permitida a recondução.

Art. 4º. O Ministério da Ciência e Tecnologia indicará o representante de notório saber em assuntos da *Internet* de que trata o inciso III do art. 2º, com mandato de três anos, permitida a recondução e vedada a indicação de suplente.

Art. 5º. O setor empresarial será representado pelos seguintes segmentos:

I – provedores de acesso e conteúdo da *Internet*;

II – provedores de infraestrutura de telecomunicações;

III – indústria de bens de informática, de bens de telecomunicações e de *software*; e

IV – setor empresarial usuário.

§ 1º. A indicação dos representantes de cada segmento empresarial será efetivada por meio da constituição de um colégio eleitoral, que elegerá, por votação não-secreta, os representantes do respectivo segmento.

§ 2º. O colégio eleitoral de cada segmento será formado por entidades de representação pertinentes ao segmento, cabendo um voto a cada entidade inscrita no colégio e devendo o voto ser exercido pelo representante legal da entidade.

§ 3º. Cada entidade poderá inscrever-se somente em um segmento e deve atender aos seguintes requisitos:

I – ter existência legal de, no mínimo, dois anos em relação à data de início da inscrição de candidatos; e

II – expressar em seu documento de constituição o propósito de defender os interesses do segmento no qual pretende inscrever-se.

§ 4º. Cada entidade poderá indicar somente um candidato e apenas candidatos indicados por entidades inscritas poderão participar da eleição.

§ 5º. Os candidatos deverão ser indicados pelos representantes legais das entidades inscritas.

§ 6º. O candidato mais votado em cada segmento será o representante titular do segmento e o candidato que obtiver a segunda maior votação será o representante suplente do segmento.

§ 7º. Caso não haja vencedor na primeira eleição, deverá ser realizada nova votação em segundo turno.

§ 8º. Persistindo o empate, será declarado vencedor o candidato mais idoso e, se houver novo empate, decidir-se-á por sorteio.

§ 9º. O mandato dos representantes titulares e suplentes será de três anos, permitida a reeleição.

Art. 6º. A indicação dos representantes do terceiro setor será efetivada por meio da constituição de um colégio eleitoral que elegerá, por votação não-secreta, os respectivos representantes.

§ 1º. O colégio eleitoral será formado por entidades de representação pertinentes ao terceiro setor.

§ 2º. Cada entidade deve atender aos seguintes requisitos para inscrição no colégio eleitoral do terceiro setor:

I – ter existência legal de, no mínimo, dois anos em relação à data de início da inscrição de candidatos; e

II – não representar quaisquer dos setores de que tratam os incisos I, II, IV e VI do art. 2º.

§ 3º. Cada entidade poderá indicar somente um candidato e apenas candidatos indicados por entidades inscritas poderão participar da eleição.

§ 4º. Os candidatos deverão ser indicados pelos representantes legais das entidades inscritas.

§ 5º. O voto será efetivado pelo representante legal da entidade inscrita, que poderá votar em até quatro candidatos.

§ 6º. Os quatro candidatos mais votados serão os representantes titulares, seus suplentes serão os que obtiverem o quinto, o sexto, o sétimo e o oitavo lugares.

§ 7º. Na ocorrência de empate na eleição de titulares e suplentes, deverá ser realizada nova votação em segundo turno.

§ 8º. Persistindo o empate, será declarado vencedor o candidato mais idoso e, se houver novo empate, decidir-se-á por sorteio.

§ 9º. O mandato dos representantes titulares e suplentes será de três anos, permitida a reeleição.

Art. 7º. A indicação dos representantes da comunidade científica e tecnológica será efetivada por meio da constituição de um colégio eleitoral que elegerá, por votação não-secreta, os respectivos representantes.

§ 1º. O colégio eleitoral será formado por entidades de representação pertinentes à comunidade científica e tecnológica.

§ 2º. Cada entidade deve atender aos seguintes requisitos para inscrição no colégio eleitoral da comunidade científica e tecnológica:

I – ter existência legal de, no mínimo, dois anos em relação à data de início da inscrição de candidatos; e

II – ser entidade de cunho científico ou tecnológico, representativa de entidades ou cientistas e pesquisadores integrantes das correspondentes categorias.

§ 3º. Cada entidade poderá indicar somente um candidato e apenas candidatos indicados por entidades inscritas poderão participar da eleição.

§ 4º. Os candidatos deverão ser indicados pelos representantes legais das entidades inscritas.

§ 5º. O voto será efetivado pelo representante legal da entidade inscrita, que poderá votar em até três candidatos.

§ 6º. Os três candidatos mais votados serão os representantes titulares, seus suplentes serão os que obtiverem o quarto, o quinto e o sexto lugares.

§ 7º. Na ocorrência de empate na eleição de titulares e suplentes deverá ser realizada nova votação em segundo turno.

§ 8º. Persistindo o empate, será declarado vencedor o candidato mais idoso e, se houver novo empate, decidir-se-á por sorteio.

§ 9º. O mandato dos representantes titulares e suplentes será de três anos, permitida a reeleição.

Art. 8º. Realizada a eleição e efetuada a indicação dos representantes, estes serão designados mediante portaria interministerial do Ministro de Estado Chefe da Casa Civil da Presidência da República e dos Ministros de Estado da Ciência e Tecnologia e das Comunicações.

Art. 9º. A participação no CGI.br é considerada como de relevante interesse público e não ensejará qualquer espécie de remuneração.

Art. 10. A execução do registro de Nomes de Domínio, a alocação de Endereço IP (*Internet Protocol*) e a administração relativas ao Domínio de Primeiro Nível poderão ser atribuídas a entidade pública ou a entidade privada, sem fins lucrativos, nos termos da legislação pertinente.

Art. 11. Até que sejam efetuadas as indicações dos representantes do setor empresarial, terceiro setor e comunidade científica nas condições previstas nos arts. 5º, 6º e 7º, respectivamente, serão eles designados em caráter provisório mediante portaria interministerial do Ministro de Estado Chefe da

Casa Civil da Presidência da República e dos Ministros de Estado da Ciência e Tecnologia e das Comunicações.

Art. 12. O Ministro de Estado Chefe da Casa Civil da Presidência da República e os Ministros de Estado da Ciência e Tecnologia e das Comunicações baixarão as normas complementares necessárias à fiel execução deste Decreto.

Art. 13. Este Decreto entra em vigor na data de sua publicação.

Brasília, 3 de setembro de 2003; 182º da Independência e 115º da República.

Luiz Inácio Lula da Silva
DOU de 4.9.2003

9.8. LEI Nº 11.419, DE 19 DE DEZEMBRO DE 2006

Dispõe sobre a informatização do processo judicial; altera a Lei nº 5.869, de 11 de janeiro de 1973 – Código de Processo Civil; e dá outras providências.

O Presidente da República,

Faço saber que o Congresso Nacional decreta e eu sanciono a seguinte Lei:

Capítulo I – Da Informatização do Processo Judicial

Art. 1º. O uso de meio eletrônico na tramitação de processos judiciais, comunicação de atos e transmissão de peças processuais será admitido nos termos desta Lei.

§ 1º. Aplica-se o disposto nesta Lei, indistintamente, aos processos civil, penal e trabalhista, bem como aos juizados especiais, em qualquer grau de jurisdição.

§ 2º. Para o disposto nesta Lei, considera-se:

I – meio eletrônico qualquer forma de armazenamento ou tráfego de documentos e arquivos digitais;

II – transmissão eletrônica toda forma de comunicação a distância com a utilização de redes de comunicação, preferencialmente a rede mundial de computadores;

III – assinatura eletrônica as seguintes formas de identificação inequívoca do signatário:

a) assinatura digital baseada em certificado digital emitido por Autoridade Certificadora credenciada, na forma de lei específica;

b) mediante cadastro de usuário no Poder Judiciário, conforme disciplinado pelos órgãos respectivos.

Art. 2º. O envio de petições, de recursos e a prática de atos processuais em geral por meio eletrônico serão admitidos mediante uso de assinatura eletrônica, na forma do art. 1º desta Lei, sendo obrigatório o credenciamento prévio no Poder Judiciário, conforme disciplinado pelos órgãos respectivos.

§ 1º. O credenciamento no Poder Judiciário será realizado mediante procedimento no qual esteja assegurada a adequada identificação presencial do interessado.

§ 2º. Ao credenciado será atribuído registro e meio de acesso ao sistema, de modo a preservar o sigilo, a identificação e a autenticidade de suas comunicações.

§ 3º. Os órgãos do Poder Judiciário poderão criar um cadastro único para o credenciamento previsto neste artigo.

Art. 3º. Consideram-se realizados os atos processuais por meio eletrônico no dia e hora do seu envio ao sistema do Poder Judiciário, do que deverá ser fornecido protocolo eletrônico.

Parágrafo único. Quando a petição eletrônica for enviada para atender prazo processual, serão consideradas tempestivas as transmitidas até as 24 (vinte e quatro) horas do seu último dia.

Capítulo II – Da Comunicação Eletrônica dos Atos Processuais

Art. 4º. Os tribunais poderão criar Diário da Justiça eletrônico, disponibilizado em sítio da rede mundial de computadores, para publicação de atos judiciais e administrativos próprios e dos órgãos a eles subordinados, bem como comunicações em geral.

§ 1º. O sítio e o conteúdo das publicações de que trata este artigo deverão ser assinados digitalmente com base em certificado emitido por Autoridade Certificadora credenciada na forma da lei específica.

§ 2º. A publicação eletrônica na forma deste artigo substitui qualquer outro meio e publicação oficial, para quaisquer efeitos legais, à exceção dos casos que, por lei, exigem intimação ou vista pessoal.

§ 3º. Considera-se como data da publicação o primeiro dia útil seguinte ao da disponibilização da informação no Diário da Justiça eletrônico.

§ 4º. Os prazos processuais terão início no primeiro dia útil que seguir ao considerado como data da publicação.

§ 5º. A criação do Diário da Justiça eletrônico deverá ser acompanhada de ampla divulgação, e o ato administrativo correspondente será publicado durante 30 (trinta) dias no diário oficial em uso.

Art. 5º. As intimações serão feitas por meio eletrônico em portal próprio aos que se cadastrarem na forma do art. 2º desta Lei, dispensando-se a publicação no órgão oficial, inclusive eletrônico.

§ 1º. Considerar-se-á realizada a intimação no dia em que o intimando efetivar a consulta eletrônica ao teor da intimação, certificando-se nos autos a sua realização.

§ 2º. Na hipótese do § 1º deste artigo, nos casos em que a consulta se dê em dia não útil, a intimação será considerada como realizada no primeiro dia útil seguinte.

§ 3º. A consulta referida nos §§ 1º e 2º deste artigo deverá ser feita em até 10 (dez) dias corridos contados da data do envio da intimação, sob pena de considerar-se a intimação automaticamente realizada na data do término desse prazo.

§ 4º. Em caráter informativo, poderá ser efetivada remessa de correspondência eletrônica, comunicando o envio da intimação e a abertura automática do prazo processual nos termos do § 3º deste artigo, aos que manifestarem interesse por esse serviço.

§ 5º. Nos casos urgentes em que a intimação feita na forma deste artigo possa causar prejuízo a quaisquer das partes ou nos casos em que for evidenciada qualquer tentativa de burla ao sistema, o ato processual deverá ser realizado por outro meio que atinja a sua finalidade, conforme determinado pelo juiz.

§ 6º. As intimações feitas na forma deste artigo, inclusive da Fazenda Pública, serão consideradas pessoais para todos os efeitos legais.

Art. 6º. Observadas as formas e as cautelas do art. 5º desta Lei, as citações, inclusive da Fazenda Pública, excetuadas as dos Direitos Processuais Criminal e Infracional, poderão ser feitas por meio eletrônico, desde que a íntegra dos autos seja acessível ao citando.

Art. 7º. As cartas precatórias, rogatórias, de ordem e, de um modo geral, todas as comunicações oficiais que transitem entre órgãos do Poder Judiciário, bem como entre os deste e os dos demais Poderes, serão feitas preferentemente por meio eletrônico.

Capítulo III – Do Processo Eletrônico

Art. 8º. Os órgãos do Poder Judiciário poderão desenvolver sistemas eletrônicos de processamento de ações judiciais por meio de autos total ou parcialmente digitais, utilizando, preferencialmente, a rede mundial de computadores e acesso por meio de redes internas e externas.

Parágrafo único. Todos os atos processuais do processo eletrônico serão assinados eletronicamente na forma estabelecida nesta Lei.

Art. 9º. No processo eletrônico, todas as citações, intimações e notificações, inclusive da Fazenda Pública, serão feitas por meio eletrônico, na forma desta Lei.

§ 1º. As citações, intimações, notificações e remessas que viabilizem o acesso à íntegra do processo correspondente serão consideradas vista pessoal do interessado para todos os efeitos legais.

§ 2º. Quando, por motivo técnico, for inviável o uso do meio eletrônico para a realização de citação, intimação ou notificação, esses atos processuais poderão ser praticados segundo as regras ordinárias, digitalizando-se o documento físico, que deverá ser posteriormente destruído.

Art. 10. A distribuição da petição inicial e a juntada da contestação, dos recursos e das petições em geral, todos em formato digital, nos autos de processo eletrônico, podem ser feitas diretamente pelos advogados públicos e privados, sem necessidade da intervenção do cartório ou secretaria judicial, situação em que a autuação deverá se dar de forma automática, fornecendo-se recibo eletrônico de protocolo.

§ 1º. Quando o ato processual tiver que ser praticado em determinado prazo, por meio de petição eletrônica, serão considerados tempestivos os efetivados até as 24 (vinte e quatro) horas do último dia.

§ 2º. No caso do § 1º deste artigo, se o Sistema do Poder Judiciário se tornar indisponível por motivo técnico, o prazo fica automaticamente prorrogado para o primeiro dia útil seguinte à resolução do problema.

§ 3º. Os órgãos do Poder Judiciário deverão manter equipamentos de digitalização e de acesso à rede mundial de computadores à disposição dos interessados para distribuição de peças processuais.

Art. 11. Os documentos produzidos eletronicamente e juntados aos processos eletrônicos com garantia da origem e de seu signatário, na forma estabelecida nesta Lei, serão considerados originais para todos os efeitos legais.

§ 1º. Os extratos digitais e os documentos digitalizados e juntados aos autos pelos órgãos da Justiça e seus auxiliares, pelo Ministério Público e seus auxiliares, pelas procuradorias, pelas autoridades policiais, pelas repartições públicas em geral e por advogados públicos e privados têm a mesma força probante dos originais, ressalvada a alegação motivada e fundamentada de adulteração antes ou durante o processo de digitalização.

§ 2º. A arguição de falsidade do documento original será processada eletronicamente na forma da lei processual em vigor.

§ 3º. Os originais dos documentos digitalizados, mencionados no § 2º deste artigo, deverão ser preservados pelo seu detentor até o trânsito em julgado da sentença ou, quando admitida, até o final do prazo para interposição de ação rescisória.

§ 4º. (Vetado).

§ 5º. Os documentos cuja digitalização seja tecnicamente inviável devido ao grande volume ou por motivo de ilegibilidade deverão ser apresentados ao cartório ou secretaria no prazo de 10 (dez) dias contados do envio de petição eletrônica comunicando o fato, os quais serão devolvidos à parte após o trânsito em julgado.

§ 6º. Os documentos digitalizados juntados em processo eletrônico somente estarão disponíveis para acesso por meio da rede externa para suas respectivas partes processuais e para o Ministério Público, respeitado o disposto em lei para as situações de sigilo e de segredo de justiça.

Art. 12. A conservação dos autos do processo poderá ser efetuada total ou parcialmente por meio eletrônico.

§ 1º. Os autos dos processos eletrônicos deverão ser protegidos por meio de sistemas de segurança de acesso e armazenados em meio que garanta a preservação e integridade dos dados, sendo dispensada a formação de autos suplementares.

§ 2º. Os autos de processos eletrônicos que tiverem de ser remetidos a outro juízo ou instância superior que não disponham de sistema compatível deverão ser impressos em papel, autuados na forma dos arts. 166 a 168 da Lei nº 5.869, de 11 de janeiro de 1973 – Código de Processo Civil, ainda que de natureza criminal ou trabalhista, ou pertinentes a juizado especial.

§ 3º. No caso do § 2º deste artigo, o escrivão ou o chefe de secretaria certificará os autores ou a origem dos documentos produzidos nos autos, acrescentando, ressalvada a hipótese de existir segredo de justiça, a forma pela qual o banco de dados poderá ser acessado para aferir a autenticidade das peças e das respectivas assinaturas digitais.

§ 4º. Feita a autuação na forma estabelecida no § 2º deste artigo, o processo seguirá a tramitação legalmente estabelecida para os processos físicos.

§ 5º. A digitalização de autos em mídia não digital, em tramitação ou já arquivados, será precedida de publicação de editais de intimações ou da intimação pessoal das partes e de seus procuradores, para que, no prazo preclusivo de 30 (trinta) dias, se manifestem sobre o desejo de manterem pessoalmente a guarda de algum dos documentos originais.

Art. 13. O magistrado poderá determinar que sejam realizados por meio eletrônico a exibição e o envio de dados e de documentos necessários à instrução do processo.

§ 1º. Consideram-se cadastros públicos, para os efeitos deste artigo, dentre outros existentes ou que venham a ser criados, ainda que mantidos por concessionárias de serviço público ou empresas privadas, os que contenham informações indispensáveis ao exercício da função judicante.

§ 2º. O acesso de que trata este artigo dar-se-á por qualquer meio tecnológico disponível, preferentemente o de menor custo, considerada sua eficiência.

§ 3º. (Vetado).

Capítulo IV – Disposições Gerais e Finais

Art. 14. Os sistemas a serem desenvolvidos pelos órgãos do Poder Judiciário deverão usar, preferencialmente, programas com código aberto, acessíveis ininterruptamente por meio da rede mundial de computadores, priorizando-se a sua padronização.

Parágrafo único. Os sistemas devem buscar identificar os casos de ocorrência de prevenção, litispendência e coisa julgada.

Art. 15. Salvo impossibilidade que comprometa o acesso à justiça, a parte deverá informar, ao distribuir a petição inicial de qualquer ação judicial, o número no cadastro de pessoas físicas ou jurídicas, conforme o caso, perante a Secretaria da Receita Federal.

Parágrafo único. Da mesma forma, as peças de acusação criminais deverão ser instruídas pelos membros do Ministério Público ou pelas autoridades policiais com os números de registros dos acusados no Instituto Nacional de Identificação do Ministério da Justiça, se houver.

Art. 16. Os livros cartorários e demais repositórios dos órgãos do Poder Judiciário poderão ser gerados e armazenados em meio totalmente eletrônico.

Art. 17. (Vetado).

Art. 18. Os órgãos do Poder Judiciário regulamentarão esta Lei, no que couber, no âmbito de suas respectivas competências.

Art. 19. Ficam convalidados os atos processuais praticados por meio eletrônico até a data de publicação desta Lei, desde que tenham atingido sua finalidade e não tenha havido prejuízo para as partes.

Art. 20. A Lei nº 5.869, de 11 de janeiro de 1973 – Código de Processo Civil, passa a vigorar com as seguintes alterações:

"*Art. 38. (...)*

Parágrafo único. A procuração pode ser assinada digitalmente com base em certificado emitido por Autoridade Certificadora credenciada, na forma da lei específica." (NR)

"*Art. 154. (...)*

Parágrafo único. (Vetado).

§ 2º. Todos os atos e termos do processo podem ser produzidos, transmitidos, armazenados e assinados por meio eletrônico, na forma da lei." (NR)

"*Art. 164. (...)*

Parágrafo único. A assinatura dos juízes, em todos os graus de jurisdição, pode ser feita eletronicamente, na forma da lei." (NR)

"*Art. 169. (...)*

§ 1º. É vedado usar abreviaturas.

§ 2º. Quando se tratar de processo total ou parcialmente eletrônico, os atos processuais praticados na presença do juiz poderão ser produzidos e armazenados de modo integralmente digital em arquivo eletrônico inviolável, na forma da lei, mediante registro em termo que será assinado digitalmente pelo juiz e pelo escrivão ou chefe de secretaria, bem como pelos advogados das partes.

§ 3º. No caso do § 2º deste artigo, eventuais contradições na transcrição deverão ser suscitadas oralmente no momento da realização do ato, sob pena de preclusão, devendo o juiz decidir de plano, registrando-se a alegação e a decisão no termo." (NR)

"*Art. 202. (...)*

§ 3º. A carta de ordem, carta precatória ou carta rogatória pode ser expedida por meio eletrônico, situação em que a assinatura do juiz deverá ser eletrônica, na forma da lei." (NR)

"*Art. 221. (...)*

IV – por meio eletrônico, conforme regulado em lei própria." (NR)

"*Art. 237. (...)*

Parágrafo único. As intimações podem ser feitas de forma eletrônica, conforme regulado em lei própria." (NR)

"*Art. 365. (...)*

V – os extratos digitais de bancos de dados, públicos e privados, desde que atestado pelo seu emitente, sob as penas da lei, que as informações conferem com o que consta na origem;

VI – as reproduções digitalizadas de qualquer documento, público ou particular, quando juntados aos autos pelos órgãos da Justiça e seus auxiliares, pelo Ministério Público e seus auxiliares, pelas procuradorias, pelas repartições públicas em geral e por advogados públicos ou privados, ressalvada a alegação motivada e fundamentada de adulteração antes ou durante o processo de digitalização.

§ 1º. Os originais dos documentos digitalizados, mencionados no inciso VI do caput deste artigo, deverão ser preservados pelo seu detentor até o final do prazo para interposição de ação rescisória.

§ 2º. Tratando-se de cópia digital de título executivo extrajudicial ou outro documento relevante à instrução do processo, o juiz poderá determinar o seu depósito em cartório ou secretaria." (NR)

"*Art. 399. (...)*

§ 1º. Recebidos os autos, o juiz mandará extrair, no prazo máximo e improrrogável de 30 (trinta) dias, certidões ou reproduções fotográficas das peças indicadas pelas partes ou de ofício; findo o prazo, devolverá os autos à repartição de origem.

§ 2º. As repartições públicas poderão fornecer todos os documentos em meio eletrônico conforme disposto em lei, certificando, pelo mesmo meio, que se trata de extrato fiel do que consta em seu banco de dados ou do documento digitalizado." (NR)

"*Art. 417. (...)*

§ 1º. O depoimento será passado para a versão datilográfica quando houver recurso da sentença ou noutros casos, quando o juiz o determinar, de ofício ou a requerimento da parte.

§ 2º. Tratando-se de processo eletrônico, observar-se-á o disposto nos §§ 2º e 3º do art. 169 desta Lei." (NR)

"*Art. 457. (...)*

§ 4º. Tratando-se de processo eletrônico, observar-se-á o disposto nos §§ 2º e 3º do art. 169 desta Lei." (NR)

"*Art. 556. (...)*

Parágrafo único. Os votos, acórdãos e demais atos processuais podem ser registrados em arquivo eletrônico inviolável e assinados eletronicamente, na forma da lei, devendo ser impressos para juntada aos autos do processo quando este não for eletrônico." (NR)

Art. 21. (Vetado).

Art. 22. Esta Lei entra em vigor 90 (noventa) dias depois de sua publicação.

Brasília, 19 de dezembro de 2006; 185º da Independência e 118º da República.

Luiz Inácio Lula da Silva
DOU de 20.12.2006

9.9. SENTENÇA PROFERIDA EM *HABEAS CORPUS*

Habeas Corpus nº 702.020.363.322
Vistos, etc.

Trata-se de ordem de *habeas corpus* impetrada por L.M.S., visando a cessação do constrangimento ilegal que tem sofrido em seu direito de locomoção no mundo virtual, apontando como autoridade coatora a empresa AOL Brasil, que no oferecimento oneroso de acesso à *Internet* "impõe barreiras técnicas à liberdade de ir e vir no ciberespaço" por meio de seu programa de navegação, denominado *browser*.

O pedido veio muito bem instruído com explicações didáticas sobre a linguagem adotada na *Internet* e a impressão de páginas que demonstram a alegada restrição de liberdade às fls. 10/12.

Relatado, no necessário. DECIDO.

A Impetrante relata a existência de constrangimento ilegal ao direito de locomoção imposta pela empresa cessionária de acesso à *Internet*, que impõe aos usuários a proibição de acesso à páginas gratuitas oferecidas pelos seus concorrentes, mesmo que no contrato firmado com seus clientes contenha disposição expressa no sentido de que será adotada postura contrária à que ora é rechaçada (cláusula 3ª do *Acordo de Assinatura do Serviço AOL Brasil*, fls. 25).

Extrai-se, assim, dos autos, em análise perfunctória, que a pretensão da Impetrante merece total guarida. Entretanto, apesar das justificativas por ela apostas na peça exordial, entende-se que o instrumento adotado não é meio hábil para o alcance do direito pretendido.

É cediço que o *habeas corpus* é um remédio jurídico-constitucional que visa garantir a liberdade individual de locomoção, vale dizer, ao direito de ir e vir concedido pelo Estado Democrático de Direito à todos os seus membros. E, como a própria história de sua construção e edificação como instituto máximo de proteção aos direitos do homem indica, refere-se à locomoção física, corpórea do indivíduo, e não à sua liberdade de se desenvolver através do pensamento.

Em consonância com este entendimento, o renomado autor CELSO RIBEIRO BASTOS, ao conceituar o instituto, deixa claro onde se encerra tal proteção. Vejamos:

"O habeas corpus é inegavelmente a mais destacada entre as medidas destinadas a garantir a liberdade pessoal. Protege esta no que ela tem de preliminar ao exercício de todos os demais direitos e liberdades. Defende-a **na sua manifestação física**, *isto é, no direito de o indivíduo não poder sofrer constrição na sua liberdade de locomover-se em razão de violência ou coação ilegal".*

MAURO CUNHA & ROBERTO GERALDO COELHO SILVA, assim concordam, ao definirem o termo liberdade de locomoção:

"Liberdade de locomoção corresponde à **liberdade física** *da pessoa, sua liberdade corporal". (Habeas Corpus no Direito Brasileiro,* Rio de Janeiro: Aide, 1990, p. 150).

E ALEXANDRE DE MORAES é incisivo ao declarar que:

"*O sentido da palavra* alguém *no* habeas corpus *refere-se tão somente à pessoa física*". g.n. (*Direito Constitucional*, 4ª ed., rev. e ampl., São Paulo: Atlas, 1998, p. 122).

Finalmente, PONTES DE MIRANDA, com a maestria que lhe é peculiar, em capítulo próprio à análise desta questão, defende que:

"*Histórica, tradicional e filosoficamente, o habeas-corpus sempre foi mandado-remédio* (remedial mandatory writ), *da classe dos extraordinary remedies; e, como a proteção possessória, que representa complemento necessário da proteção da propriedade, facilitação da provaem favor do proprietário, embora isso redunde, por vezes, em benefícios a não-proprietários, o habeas corpus **foi criado para a proteção da liberdade física**. Assim o conceituaram prática e doutrina inglesas e norte-americanas; e assim continuamos a conceitua-lo em nosso direito. O seu fim não mudou. Tampouco, o seu objeto. Admitiu-se-lhe mais folgada aplicação, sem que ele deixasse de ser, em substância, **remédio urgente contra as violações da liberdade física**. Como o interdito possessório, também ele supõe violência; e esse ato, violência ou coação, por ilegalidade, ou abuso de poder, para que o torne cabível, tem de se subordinar a duas proposições de extensão:*

*a) **Só se dá habeas-corpus quando se feriu ou se tema que se fira liberdade física**.*

(...)

*(b) **Onde não pode haver coação à liberdade física, não pode haver o habeas-corpus**.*" (*História e Prática do Habeas Corpus*, tomo II, 8ª ed., cor. e mel., São Paulo: Saraiva, 1979, p. 3/5).

Esta também é a manifestação jurisprudencial dominante, que inadmite, inclusive, a concessão do *habeas corpus* para a pessoa jurídica em razão da impossibilidade de existência de um ente ideal, ou de locomoção ideal. Vejamos:

"HABEAS CORPUS – PRESSUPOSTOS. A concessão de *habeas corpus* pressupõe ofensa a liberdade, física ou ameaça de violação ao direito de locomoção, por ato ilegal ou abuso de poder. Ordem denegada." (TJRS – *Habeas corpus* nº 70004392346, Relator: Des. Mara Larsen Chechi, julgado em 11.9.2002).

"HABEAS CORPUS – PESSOA JURÍDICA COMO SUJEITO PASSIVO DA COAÇÃO iLEGAL – IMPOSSIBILIDADE. O fundamento teleológico da medida constitucional é tutelar a liberdade de locomoção, que não pode, ante a sistemática penal vigente, ser objeto de violação no que tange ao ente ideal. Não conheceram do pedido, quanto à pessoa jurídica. Trancamento da ação penal. 1. Em havendo prova da materialidade e indícios suficientes de autoria, e consubstanciando a conduta, pelo menos, ilícito em tese, não há que se falar em ausência de justa causa à ação penal. 2. Inviável, na via estreita do *writ*, a análise do dolo, que exige o aprofundamento do exame da prova. Ordem denegada. Unânime. (TJRS – *Habeas corpus* nº 70002842110, Relator: Des. Maria da Graça Carvalho Mottin, julgado em 21.8.2001).

Desta feita, tem-se que a extensão pretendida pela Impetrante, a suposta existência de locomoção virtual, mesmo que admitida, não seria abarcada pelo *habeas corpus*.

Não bastasse isso, o direito de navegação pela *Internet* não corresponde ao direito de ir e vir, vale dizer, ao direito à locomoção virtual, mas sim ao direito de receber informações. Afinal, a *Internet* nada mais é do que uma rede de computadores interligados, por meio da qual são armazenadas e trocadas diversas informações.

É essa a interpretação que se extrai do conceito apresentado para este novo meio de comunicação, conforme se verifica no disposto na Norma nº 004/95 do Ministério das Comunicações, a saber:

"*Internet é o nome genérico que designa o conjunto de redes, ou meios de transmissão e comutação, roteadores, equipamentos e protocolos necessários à comunicação entre computadores, bem como o 'software' e os dados contidos nestes computadores*".

Ou ainda dos diversos conceitos apresentados por doutrinadores, dentre os quais podemos destacar ALEXANDRE ATHENIENSE, *in verbis*:

"*Internet é a **maior rede de sistemas** computadorizada do planeta. Sob o prisma técnico, consiste num sistema de computadores conectados entre si, ligados constantemente, **compartilhando informações e serviços em diversos países simultaneamente**. (...)*

*Assim, em princípio a Internet **comporta uma gigantesca fonte de informações e serviços**, oferecendo acesso on-line a todos os usuários. Daí abranger qualquer assunto de interesse do indivíduo, inclusive aqueles que jamais seria capaz de conceber, antes de se inteirar de seu alcance*". g.n. (*Internet e o Direito*. Belo Horizonte: Inédita, 2000, p.21).

Com efeito, a *Internet* deve ser comparada à televisão ou ao rádio, ou seja a veículos de transmissão de informação, sendo que a diferença entre eles está, tão somente, no fato de que naquela o espectador tem o livre arbítrio na escolha do conhecimento que deseja adquirir, ou aperfeiçoar.

Assim, o "internauta" não se locomove atrás da informação, mantém-se sentado em um recinto de sua residência, ou escritório, enquanto que toda a informação disponível é por ele recebida, de acordo com o que lhe aprouver.

Ademais, caso assim não fosse, o preso, encarcerado, que tivesse acesso à *Internet* jamais poderia sentir que a sua liberdade de locomoção foi cerceada e, logicamente, isto seria bastante impróprio.

A coadunar com esse entendimento, de grande valia foi a análise realizada por LUIZ HENRIQUE VENTURA em discussão sobre a possibilidade de existir divergência sobre o fato de a *Internet* ser um lugar ou um meio, ao concluir que:

"*Parece evidente que a Internet **nada mais é que um meio de comunicação**, assim como o telefone e o fax*". g.n. (*Comércio e Contratos Eletrônicos*. São Paulo: Edipro, 2001, p. 21).

Por derradeiro, há de se destacar ainda a discussão quanto à esfera jurisdicional competente para a análise do presente pedido. Isto porque à primeira vista a matéria dos autos deve ser vista perante a esfera cível, vez que versa sobre a quebra de cláusula contratual ou mesmo sobre prática comercial abusiva, e o *habeas corpus*, conforme entendimento jurisprudencial dominante, é um instituto exclusivo da seara criminal.

Nesse sentido, se manifestam os nossos tribunais:

"*HABEAS CORPUS*. Pedido de expedição de salvo conduto para se locomover, sem restrições, com os filhos. E a manutenção das crianças sob sua guarda. O *habeas corpus* é instrumento de direito processual penal. As causas que envolvem as crianças, todavia, são de natureza cível. Pedido Não conhecido. (TJRS – Habeas corpus nº 591091772, Relator: Des. João Andrades Carvalho, Julgado em 19.12.1991).

Conclui-se, então, diante do que foi exposto, que conceder o salvo conduto à Impetrante, não obstante a forte razoabilidade dos argumentos expedidos na inicial, seria, ao meu modesto sentir, absolutamente inócuo.

No entanto, as provas trazidas com a inicial indicam fortes indícios de grave conduta perpetrada pela parte contrária, aqui apontada como suposta autoridade coatora.

Ocorre que muito mais eficiente para coibir tão grave conduta não poderia ser um "salvo conduto virtual", mas em vez disso, uma severa apenação de multa correspondente a cada um dos dias em que a ora Impetrante estivesse impedida de receber as informações, facilidades e conhecimentos acessíveis via *Internet*, a ser alcançada em ação própria, proposta perante a esfera cível.

ISTO POSTO, sem embargo das relevantes razões que instruem a inicial, INDEFIRO LIMINARMENTE o pedido, DENEGANDO a ordem de *habeas corpus* impetrada e, em vista da importância das considerações sopesadas, DETERMINO sejam extraídas cópias autênticas de todas as peças que instruem esses autos com a sua remessa ao DD. Promotor Curador do Consumidor, a fim de que sejam apuradas e denunciadas, se for o caso, as possíveis infrações aos arts. 66 e 67 do Código de Defesa do Consumidor.

Cumpra-se. Intime-se. Arquive-se.

Uberlândia, 03 de fevereiro de 2003.

Joemilson Donizetti Lopes
Juiz de Direito

9.10. RESOLUÇÃO CGI.BR/RES/2008/008/P, DE 28 DE NOVEMBRO DE 2008

O COMITÊ GESTOR DA *INTERNET* NO BRASIL – CGI.br – reunido na sua 9ª Reunião Ordinária, em 28 de novembro de 2008, em sua sede, no NIC.br, na Cidade de São Paulo – SP, decide, por unanimidade, aprovar a seguinte Resolução: CGI.br/RES/2008/008/P – *PROCEDIMENTOS PARA REGISTRO DE NOMES DE DOMÍNIO*.

O Comitê Gestor da *Internet* no Brasil – CGI.br, no uso das atribuições que lhe confere a Portaria Interministerial MC/MCT nº 147, de 31 de maio de 1995 e o Decreto nº 4.829, de 3 de setembro de 2003, resolve:

Capítulo I
Procedimentos para Registro de Nomes de Domínio Disponíveis

Art. 1º. Um nome de domínio disponível para registro será concedido ao primeiro requerente que satisfizer, quando do requerimento, as exigências para o registro do mesmo, conforme as condições descritas nesta Resolução.

Parágrafo único. Constitui-se em obrigação e responsabilidade exclusivas do requerente a escolha adequada do nome do domínio a que ele se candidata. O requerente declarar-se-á ciente de que não poderá ser escolhido nome que desrespeite a legislação em vigor, que induza terceiros a erro, que viole direitos de terceiros, que represente conceitos predefinidos na rede *Internet*, que represente palavras de baixo calão ou abusivas, que simbolize siglas de Estados, Ministérios, ou que incida em outras vedações que porventura venham a ser definidas pelo CGI.br.

Art. 2º. É permitido o registro de nome de domínio apenas para entidades que funcionem legalmente no País, profissionais liberais e pessoas físicas, conforme disposto nesta Resolução. No caso de empresas estrangeiras poderá ser concedido o registro provisório, mediante o cumprimento das exigências descritas no artigo 6º, desta Resolução.

Art. 3º. Define-se como Domínio de Primeiro Nível, DPN, os domínios criados sob o ccTLD.br, nos quais disponibilizam-se registro de subdomínios segundo as regras estabelecidas nesta Resolução. Um nome de domínio escolhido para registro sob um determinado DPN, considerando-se somente sua parte distintiva mais específica, deve:

I – Ter no mínimo 2 (dois) e no máximo 26 (vinte e seis) caracteres;

II – Ser uma combinação de letras e números [a-z;0-9], hífen [-] e os seguintes caracteres acentuados [à, á, â, ã, é, ê, í, ó, ô, õ, ú, ü, ç];

III – Não ser constituído somente de números e não iniciar ou terminar por hífen;

IV – O domínio escolhido pelo requerente não deve tipificar nome não registrável. Entende-se por nomes não registráveis aqueles descritos no parágrafo único do art. 1º, desta Resolução.

Parágrafo único. Somente será permitido o registro de um novo domínio quando não houver equivalência a um domínio pré-existente no mesmo DPN, ou quando, havendo equivalência no mesmo DPN, o requerente for a mesma entidade detentora do domínio equivalente. Estabelece-se um mecanismo de mapeamento para determinação de equivalência entre nomes de domínio, que será realizado convertendo-se os caracteres acentuados e o "c" cedilhado, respectivamente, para suas versões não acentuadas e o "c", e descartando os hífens.

Art. 4º. Para a efetivação do registro de nome de domínio o requerente deverá obrigatoriamente:

I – Fornecer os dados válidos do titular do domínio, solicitados nos campos de preenchimento obrigatório do NIC.br. São esses dados:
a) Para Pessoa Jurídica:
1. nome empresarial;
2. número do CNPJ;
3. endereços físico e eletrônico;
4. nome do responsável;
5. número de telefone.
b) Para Pessoa Física:
1. nome completo;
2. número do CPF;
3. endereços físico e eletrônico;
4. número de telefone.

II – Informar, no prazo máximo de 14 (quatorze) dias, a contar da data e horário da emissão do ticket para registro de domínio, no mínimo 2 (dois) servidores DNS configurados e respondendo pelo domínio a ser registrado;

III – Cadastrar e informar:

a) o contato da entidade, o qual deverá ser representado por pessoa diretamente vinculada à atividade de gestão da entidade, e será responsável pela manutenção e atualização dos dados da entidade, pelo registro de novos domínios e pela modificação dos demais contatos do domínio;

b) o contato administrativo, responsável pela administração geral do nome de domínio, o que inclui eventuais modificações e atualizações do contato técnico e de cobrança. Recomenda-se que este seja uma pessoa diretamente vinculada ao quadro administrativo da entidade;

c) o contato técnico, responsável pela manutenção e alteração dos dados técnicos dos servidores DNS. Recomenda-se que este seja representado pelo provedor, caso possua um, ou por pessoa responsável pela área técnica da entidade;

d) o contato de cobrança, responsável pelo fornecimento e atualização do endereço eletrônico para envio dos boletos para pagamentos e cobranças. Recomenda-se que este seja uma pessoa diretamente vinculada ao quadro funcional da entidade;

Parágrafo único. Todas as comunicações feitas pelo CGI.br e pelo NIC.br serão realizadas por correio eletrônico. As notificações comprovadamente enviadas para o endereço eletrônico cadastrado serão consideradas válidas.

Art. 5º. É da inteira responsabilidade do titular do domínio:

I – O nome escolhido para registro, sua utilização e eventual conteúdo existente em páginas referidas por esse domínio, eximindo expressamente o CGI.br e o NIC.br de quaisquer responsabilidades por danos decorrentes desses atos e passando o titular do nome de domínio a responder pelas ações judiciais ou extrajudiciais decorrentes de violação de direitos ou de prejuízos causados a outrem;

II – A eventual criação e o gerenciamento de novas divisões e subdomínios sob o nome de domínio registrado;

III – Fornecer ao NIC.br dados verídicos e completos, e mantê-los atualizados;

IV – Atender à solicitação de atualização de dados ou apresentação de documentos feita pelo NIC.br, quando for o caso;

V – Manter os servidores DNS funcionando corretamente;

VI – Pagar tempestivamente o valor correspondente à manutenção periódica do nome de domínio.

Art. 6º. Será concedido o registro provisório às empresas estrangeiras, mediante:

I – A nomeação de um procurador legalmente estabelecido no país;

II – A entrega de procuração com firma reconhecida no país de origem da empresa, delegando poderes ao procurador para registro, cancelamento e transferência de propriedade do domínio, para a alteração do contato da entidade e para representá-lo judicialmente e extrajudicialmente;

III – A entrega de declaração de atividade comercial da empresa, com firma reconhecida no país de origem desta, onde deverá obrigatoriamente constar a razão social, o endereço completo, o telefone, o objeto social, as atividades desenvolvidas, o nome e o cargo do representante legal;

IV – A entrega de declaração de compromisso da empresa, com firma reconhecida no país de origem desta, assumindo que estabelecerá suas atividades definitivamente no Brasil, no prazo de 12 (doze) meses, contados a partir do recebimento pelo NIC.br desses documentos;

V – A legalização consular da procuração, da declaração de atividade comercial e da declaração de compromisso, a ser realizada no Consulado do Brasil no país de origem da empresa;

VI – A tradução juramentada da procuração, da declaração de atividade comercial e da declaração de compromisso;

VII – A entrega da cópia do CNPJ ou do CPF do procurador;

VIII – A entrega do ofício do procurador indicando o ID do contato da entidade estrangeira.

Capítulo II – Da Reserva e do Cancelamento do Registro de Domínio e do Tratamento dos Domínios Cancelados

Art. 7º. O CGI.br pode, sempre que houver interesse ou necessidade, reservar para si nomes de domínios que não estejam atribuídos.

Art. 8º. No ato de registro de um domínio e quando de sua renovação serão cobrados os valores estabelecidos pelo CGI.br pela manutenção periódica do domínio.

Parágrafo único. Os DPNs .gov.br, .mil.br, .edu.br, .can.br, jus.br e .br são isentos do pagamento da manutenção.

Art. 9º. O cancelamento de um nome de domínio registrado sob um DPN poderá se dar nas seguintes hipóteses:

I – Pela renúncia expressa do respectivo titular, por meio de documentação hábil exigida pelo NIC.br;

II – Pelo não pagamento dos valores referentes à manutenção do domínio, nos prazos estipulados pelo NIC.br;

III – Por ordem judicial;

IV – Pela constatação de irregularidades nos dados cadastrais da entidade, descritas no art. 4º, inciso I, alíneas "a e b", itens 1 e 2, após constatada a não solução tempestiva dessas irregularidades, uma vez solicitada sua correção pelo NIC.br;

V – Pelo descumprimento do compromisso estabelecido no documento mencionado no inciso IV, do art. 6º, desta Resolução.

§ 1º. No caso previsto no inciso IV, o titular do domínio será notificado por meio do contato da entidade e administrativo para satisfazer, no prazo de 14 (quatorze) dias, à exigência, decorridos os quais e não tendo havido atendimento adequado, o registro poderá ser cancelado;

§ 2º. Em qualquer hipótese de cancelamento do domínio não assistirá ao titular direito a qualquer ressarcimento ou indenização.

Art. 10. Os domínios cancelados nos termos dos incisos I, II, IV e V poderão ser disponibilizados para novo registro através de processo de liberação, que possibilita a candidatura de interessados ao respectivo domínio, conforme os seguintes termos:

I – O NIC.br anunciará em seu sítio na *Internet* a data de início dos três processos de liberação de domínios cancelados realizados a cada ano;

II – As candidaturas ao nome de domínio serão realizadas no prazo de 15 (quinze) dias, a contar do início do processo de liberação estabelecido pelo NIC.br;

III – Expirado o prazo previsto para o final do processo de liberação, não serão aceitos novos pedidos até que a lista de pedidos existentes seja processada;

IV – No ato da inscrição a um domínio o candidato poderá informar que possui algum diferencial para requerer o registro do domínio que se encontra em processo de liberação. As condições para o exercício dessa opção são:

a) a entidade inscrita no processo de liberação detém o certificado de registro da marca, concedido pelo INPI, idêntico ao nome de domínio solicitado, ou;

b) o nome de domínio solicitado é idêntico à(s) palavra(s) ou expressão(ões) utilizada(s) no nome empresarial da entidade para distingui-la, sendo facultada a adição do uso do caractere do objeto ou atividade da entidade. Para essa opção, a palavra ou expressão não pode ser de caráter genérico, descritivo, comum, indicação geográfica ou cores e, caso a entidade detenha em seu nome empresarial mais de uma expressão para distingui-la, o nome de domínio deverá ser idêntico ao conjunto delas e não apenas a uma das expressões isoladamente. Essa entidade deverá comprovar que se utiliza deste nome empresarial há mais de 30 (trinta) meses;

c) se comprovado abuso ou falsa declaração, o candidato será responsabilizado por tal ato e, ainda, será prejudicado em suas demais inscrições.

V – É permitida a candidatura a 20 (vinte) domínios diferentes por entidade, em cada processo de liberação;

VI – O resultado do processo de liberação, define que:

a) o nome de domínio que não tiver candidatos no processo de liberação volta a ser considerado totalmente disponível e será liberado para registro ao primeiro requerente que satisfizer as exigências estabelecidas pelo NIC.br;

b) o nome de domínio que tiver apenas um candidato a ele será atribuído, desde que o candidato satisfaça todas as exigências para o registro;

c) o nome de domínio para o qual apenas um único dos candidatos apresentou diferencial declaratório, este candidato único será notificado via endereço eletrônico para que apresente os documentos comprobatórios desse direito. Havendo a comprovação efetiva, o registro do domínio será atribuído a esse candidato;

d) o domínio que tiver dois ou mais candidatos válidos não será liberado para registro e aguardará o próximo processo de liberação;

e) não sendo possível liberar o registro de um domínio pelas regras anteriormente expostas, o domínio voltará a participar dos próximos processos de liberação.

Capítulo III – Da Concessão de Domínios Reservados

Art. 11. O domínio que participe de mais de 6 (seis) processos de liberação consecutivos, sem que seja possível a sua liberação para registro, será excluído de futuros processos de liberação e considerado reservado pelo CGI.br por prazo indeterminado, podendo ser concedido a novo registro na forma estabelecida nos arts. 12 e 13.

Art. 12. O registro de um nome de domínio, para o qual não tenha sido declarado diferencial, nos termos do art. 10, inciso IV, desta Resolução, nos processos de liberação anteriores, resultando, assim, reservado, poderá ser concedido à primeira entidade que o solicitar e comprovar que detém o certificado de registro da marca, concedido pelo Instituto Nacional de Propriedade Industrial-INPI e idêntico ao nome de domínio solicitado.

Art. 13. O registro de um nome de domínio, para o qual tenha sido declarado diferencial, nos termos do art. 10, inciso IV, da citada Resolução, nos processos de liberação anteriores, mas que tenha resultado reservado por não ter havido forma de discriminação entre os diferenciais declarados, poderá ser concedido seguindo-se o procedimento abaixo:

I – Quando houver a solicitação de registro por entidade que detenha o certificado de registro da marca, concedido pelo Instituto Nacional de Propriedade Industrial – INPI, idêntico ao nome de domínio solicitado, todas as entidades que declararam o diferencial nos processos de liberação anteriores à reserva serão notificadas, por e-mail enviado ao contato da entidade, para comprovarem o diferencial que houverem anteriormente declarado. Esse procedimento poderá ter os seguintes resultados:

a) Se houver somente uma entidade que detenha o certificado de registro da marca, expedido pelo Instituto Nacional de Propriedade Industrial – INPI, idêntico ao nome de domínio solicitado, o registro do domínio será concedido a ela;

b) Se houver mais de uma entidade que detenha o certificado de registro da marca, expedido pelo INPI, idêntico ao nome de domínio solicitado, o registro do domínio só será concedido ao solicitante, caso seja ele o detentor da marca mais antiga validamente expedida. Caso contrário o domínio permanecerá reservado.

Capítulo IV – Da Subdivisão das Categorias de Domínios

Art. 14. Os DPNs sob o ccTLD .br se subdividem da seguinte forma:

I – DPNs com restrição e destinados exclusivamente a Pessoas Jurídicas:

a) .am.br, destinado a empresas de radiodifusão sonora AM. Exige-se o CNPJ e a autorização da Anatel para o serviço de radiodifusão sonora AM;

b) .coop.br, destinado a cooperativas. Exige-se o CNPJ e comprovante de registro junto a Organização das Cooperativas Brasileiras;

c) .edu.br, destinado a Instituições de Ensino e Pesquisa Superior, com a devida comprovação junto ao Ministério da Educação e documento comprovando que o nome de domínio a ser registrado não é genérico, ou seja, não é composto por palavra ou acrônimo que defina conceito geral ou que não tenha relação com o nome empresarial ou seus respectivos acrônimos;

d) .fm.br, destinado a empresas de radiodifusão sonora FM. Exige-se o CNPJ e a autorização da Anatel para o serviço de radiodifusão sonora FM;

e) .gov.br, destinado ao Governo Brasileiro (Poderes Executivo, Legislativo e Judiciário), ao Ministério Público Federal, aos Estados e ao Distrito Federal. Excetuados os órgãos da esfera federal, os demais deverão ser alojados sob a sigla do Estado correspondente (ex: al.gov.br, am.gov.br, etc). Exige-se o CNPJ e a autorização do Ministério do Planejamento;

f) .g12.br, destinado a instituições de ensino fundamental e médio. Exige-se CNPJ e a comprovação da natureza da instituição;

g) .mil.br, destinado aos órgãos militares. Exige-se CNPJ e a autorização do Ministério da Defesa;

h) .org.br, destinado a organizações não governamentais e sem fins lucrativos. Exige-se a comprovação da natureza da instituição e o CNPJ. Em casos especiais, a exigência do CNPJ para essa categoria poderá ser dispensada;

i) .psi.br, destinado a provedores de serviços *Internet* em geral. Exige-se o CNPJ e a comprovação de que a entidade é um provedor de acesso à *Internet*, bem como o contrato de backbone ou o contrato social, desde que comprove no objeto social de que se trata de um provedor de serviço.

II. DPNs sem restrição e destinados a Pessoas Jurídicas:

a) .agr.br, destinado a empresas agrícolas e fazendas;

b) .art.br, destinado a instituições dedicadas às artes, artesanato e afins;

c) .com.br, destinado a instituições comerciais;

d) .esp.br, destinado a entidades relacionadas a esportes em geral;
e) .far.br, destinado a farmácias e drogarias;
f) .imb.br, destinado a imobiliárias;
g) .ind.br, destinado a instituições voltadas à atividade industrial;
h) .inf.br, destinado aos fornecedores de informação;
i) .radio.br, destinados a entidades que queiram enviar áudio pela rede;
j) .rec.br, destinado a instituições voltadas às atividades de recreação e jogos, em geral;
k) .srv.br, destinado a empresas prestadoras de serviços;
l) .tmp.br, destinado a eventos temporários, de curta duração, como feiras, seminários, etc;
m) .tur.br, destinado a entidades da área de turismo.
n) .tv.br, destinado a entidades que queiram enviar vídeo pela rede;
o) .etc.br, destinado a instituições que não se enquadrem em nenhuma das categorias acima.

III – DPNs sem restrição destinados a Profissionais Liberais:
a) .adm.br, destinado a administradores;
b) .adv.br, destinado a advogados;
c) .arq.br, destinado a arquitetos;
d) .ato.br, destinado a atores;
e) .bio.br, destinado a biólogos;
f) .bmd.br, destinado a biomédicos;
g) .cim.br, destinado a corretores;
h) .cng.br, destinado a cenógrafos;
i) .cnt.br, destinado a contadores;
j) .ecn.br, destinado a economistas;
k) .eng.br, destinado a engenheiros;
l) .eti.br, destinado a especialistas em tecnologia de informação;
m) .fnd.br, destinado a fonoaudiólogos;
n) .fot.br, destinado a fotógrafos;
o) .fst.br, destinado a fisioterapeutas;
p) .ggf.br, destinado a geógrafos;
q) .jor.br, destinado a jornalistas;
r) .lel.br, destinado a leiloeiros;
s) .mat.br, destinado a matemáticos e estatísticos;
t) .med.br, destinado a médicos;
u) .mus.br, destinado a músicos;
v) .not.br, destinado a notários;
x) .ntr.br, destinado a nutricionistas;
w) .odo.br, destinado a odontólogos;

y) .ppg.br, destinado a publicitários e profissionais da área de propaganda e marketing;

z) .pro.br, destinado a professores;

aa) .psc.br, destinado a psicólogos;

ab) .qsl.br, destinado a radioamadores;

ac) .slg.br, destinado a sociólogos;

ad) .trd.br, destinado a tradutores;

ae) .vet.br, destinado a veterinários;

af) .zlg.br, destinado a zoólogos.

IV – DPNs sem restrição destinados a Pessoas Físicas:

a) .nom.br, pessoas físicas, seguindo os procedimentos específicos de registro neste DPN;

b) .blog.br, destinado a "blogs";

c) .flog.br, destinado a "foto logs";

d) .vlog.br, destinado a "vídeo logs";

e) .wiki.br, destinado a páginas do tipo "wiki";

V – DPN restrito com obrigatoriedade da extensão DNSSEC:

a) .b.br: destinado exclusivamente às instituições financeiras;

b) .jus.br: destinado exclusivamente ao Poder Judiciário, com a aprovação do Conselho Nacional de Justiça;

VI – DPN sem restrição, genérico:

a) .com.br, a pessoas físicas ou jurídicas que exercem atividade comercial na rede;

b) .net.br, a pessoas físicas ou jurídicas que exercem atividade comercial na rede;

VII – DPN pessoa física, especial:

a) .can.br, destinado aos candidatos à eleição, durante o período de campanha eleitoral.

Art. 15. Esta Resolução entra em vigor na data de sua publicação no site www.cgi.br, revogando-se as disposições em contrário.

Comitê Gestor da Internet no Brasil

9.11. RESOLUÇÃO CGI.BR/RES/2010/001/P, DE 22 DE FEVEREIRO DE 2010

Dispõe sobre a aplicação tempestiva dos recursos do CGI.br hoje depositados na FAPESP e dá outras providências.

O Comitê Gestor da *Internet* no Brasil – CGI.br, no uso das atribuições que lhe confere o Decreto Nº 4.829, de 3 de setembro de 2003,

APÊNDICE

Considerando que:

— desde 2003 FAPESP e CGI.br têm promovido negociações para o uso dos fundos do CGI.br, oriundos do registro de domínios pela FAPESP conforme as diretrizes deste CGI.br e depositados sob a guarda da FAPESP.

— o CGI.br recebeu e aprovou o documento "Elaboração de Temas para Projetos de Evolução da *Internet* no Brasil" – versão 5, em discussão no âmbito do grupo de trabalho conjunto, responsável pela formulação de diretrizes para o Programa CGI.br-FAPESP de Pesquisa e Desenvolvimento da *Internet* no Brasil;

— a demora na aplicação desses recursos retarda o desenvolvimento da *Internet* no Brasil, sendo contrária aos princípios e objetivos tanto do CGI.br quanto da própria FAPESP;

Resolve:

Art. 1º. Definir um prazo máximo de 90 dias, contados da data de publicação desta resolução, para que seja estabelecido, de comum acordo pelo CGI.br e a FAPESP, um orçamento e respectivo cronograma de aplicação daqueles recursos, em consonância com o documento "Elaboração de Temas para Projetos de Evolução da *Internet* no Brasil";

Art. 2º. Instruir a FAPESP para que, na eventualidade do referido orçamento ter valor inferior à totalidade dos recursos do CGI.br sob sua guarda, a mesma transfira o saldo remanescente para o Núcleo de Informação e Coordenação do Ponto BR – NIC.br, no prazo de até 120 dias a partir da data de publicação desta resolução; no caso que não seja estabelecido o orçamento e cronograma previstos no art. 1º, o montante a ser transferido ao NIC.br será o valor total dos recursos sob a guarda da FAPESP.

São Paulo, 22 de fevereiro de 2010.

Comitê Gestor da Internet no Brasil – CGI.br
Augusto Cesar Gadelha Vieira – Coordenador

10
GLOSSÁRIO
DE TERMOS DE COMÉRCIO
E CONTRATOS ELETRÔNICOS

O *web site* do ICPBrasil (www.iti.gov.br) apresenta-nos, na página referente as mais frequentes perguntas, um excelente glossário de termos específicos de comércio e contratos eletrônicos, que vale a pena ser reproduzido em um livro como o presente. Vejamos a versão 1.2, publicada aos 3 de outubro de 2007, retirada do site no dia 30 de maio de 2010:

GLOSSÁRIO ICPBRASIL
Infraestrutura de Chaves Públicas Brasileira

A

ABNT (Associação Brasileira de Normas Técnicas) – Fundada em 1940, é o órgão responsável pela normalização técnica no país, fornecendo a base necessária ao desenvolvimento tecnológico brasileiro.

Aceitação do Certificado Digital – Demonstração da concordância de uma pessoa física ou jurídica quanto à correção e adequação do conteúdo e de todo o processo de emissão de um certificado digital, feita pelo indivíduo ou entidade que o solicitou. O certificado é considerado aceito a partir de sua primeira utilização, ou após haver decorrido o prazo préestipulado para sua rejeição. A aceitação do certificado será declarada pelo titular.

Acesso – Estabelecimento de conexão entre um indivíduo ou entidade e um sistema de comunicação ou de informações. A partir do Acesso podem ocorrer a transferência de dados e a ativação de processos computacionais.

Acesso Físico – Habilidade de obter acesso a um ambiente físico. Os sistemas de controle de Acesso Físico possibilitam a integração de funcionalidades, com leitores biométricos, alarmes de incêndio, emissão de crachás para visitantes, etc.

Acesso Lógico – O Controle de Acesso Lógico permite que os sistemas de Tecnologia da Informação verifiquem a identidade dos usuários que tentam utilizar seus serviços. Como exemplo mais comum, temos o *logon* de um usuário em um computador.

Acesso Remoto – Habilidade de obter acesso a um computador ou uma rede a distância. As conexões *dialup,wireless*, DSL são exemplos de possibilidades de Acesso Remoto.

AES *(Advanced Encryption Standard)* – O Padrão de Cifração Avançada (AES) é uma cifra de bloco adotada como padrão de cifração pelo governo dos Estados Unidos. O AES é um dos algoritmos mais populares usados na criptografia de chave simétrica. AES tem um tamanho de bloco fixo de 128 bits e uma chave com tamanho de 128, 192 ou 256 bits.

Agente de Registro – Responsável pela execução das atividades inerentes à AR. É a pessoa que realiza a autenticação da identidade de um indivíduo ou de uma organização e validação das solicitações de emissão e revogação de certificados nas Autoridades de Registro.

Agentes Causadores de Eventos – É uma pessoa, organização, dispositivo ou aplicação que causa um evento registrado pelo conjunto de sistemas de auditoria.

Algoritmo – Série de etapas utilizadas para completar uma tarefa, procedimento ou fórmula na solução de um problema. Usado como "chaves" para criptografia de dados.

Algoritmo Assimétrico – É um algoritmo de criptografia que usa duas chaves: uma chave pública e uma chave privada, onde a chave pública pode ser distribuídaabertamente enquanto a chave privada é mantida secreta. Os algoritmos assimétricos são capazes de muitas operações, incluindo criptografia, assinaturas digitais e acordo de chave.

Algoritmo Criptográfico – Processo matemático especificamente definido para cifrar e decifrar mensagens e informações, normalmente com a utilização de chaves.

Algoritmo Simétrico – Algoritmo de criptografia que usa somente uma chave, tanto para cifrar como para decifrar. Esta chave deve ser mantida secreta para garantir a confidencialidade da mensagem. Também conhecido como algoritmo de chave secreta.

Alvará – Documento eletrônico assinado digitalmente pela Entidade Auditora para uma Autoridade de Carimbo do Tempo, através de um sistema de auditoria e sincronismo. Consiste em um certificado de atributo no qual estarão expressos os dados referentes ao sincronismo e o parecer do auditor sobre a exatidão do relógio da entidade auditada.

Ambiente Físico – É aquele composto por todo ativo permanente das entidades integrantes da ICPBrasil.

Ambiente Lógico – É aquele composto por todo ativo de informação das entidades integrantes da ICPBrasil.

Análise de Risco – Identificação e avaliação dos riscos (vulnerabilidades e impactos) a que os ativos da informação estão sujeitos.

Aplicações do Certificado – Os certificados da ICPBrasil são utilizados, de acordo com o seu tipo, em aplicações como: i. **Tipo A**: confirmação da identidade na *web*, correio eletrônico, transações *online*,redes privadas virtuais, transações eletrônicas, informações eletrônicas, cifração de chaves de sessão e assinatura de documentos com verificação da integridade de suas informações. ii. **Tipo S**: cifração de documentos, bases de dados, mensagens e outras informações eletrônicas.

Applet – *Applet* é um software aplicativo que é executado no contexto de outro programa.

Arquivo Dedicado *(Dedicated File – DF)* – Um DF corresponde a um arquivo que contém informações de controle sobre outros arquivos e, opcionalmente, sobre a memória disponível para alocação. Um DF também pode corresponder a um diretório que permite que outros arquivos e/ou diretórios (EF e DF) possam estar contidos, vinculados ou agrupados [ISO/IEC 78164].

Arquivo Elementar *(Elementary File – EF)* – Um EF corresponde a um conjunto de unidades de dados ou registros que compartilham o mesmo identificador de arquivo. Por exemplo, dados necessários para uma aplicação são armazenados em EF. Um EF não pode ser "pai" (pertencer a um nível hierárquico superior na árvore de arquivos e diretórios) de outro arquivo [ISO/IEC 78164].

GLOSSÁRIO

Arquivo "Pai" – Corresponde ao arquivo dedicado (DF) imediatamente precedente a um dado arquivo dentro da hierarquia [ISO/IEC 78164].

Arquivamento de Chave Privada – É o armazenamento da chave privada para seu uso futuro, após o período de validade do certificado correspondente. Só se aplica a chaves privadas de certificados de sigilo. As chaves privadas de assinatura digital só poderão ser utilizadas durante o período de validade dos respectivos certificados, sendo portanto proibido seu armazenamento.

Arquivamento de Chave Pública – É o armazenamento da chave pública, por um período mínimo de 30 anos, para uso futuro, após o período de validade do certificado correspondente com o objetivo de verificar as assinaturas geradas durante o prazo de validade dos respectivos certificados. Só se aplica a chaves públicas de certificados de assinatura. As chaves públicas de sigilo só poderão ser utilizadas durante o período de validade dos respectivos certificados, senco portanto proibido seu armazenamento.

ASN.1 (Abstract Syntax Notation 1) – É uma notação formal usada para descrever os dados transmitidos por protocolos de telecomunicações, não obstante a representação física destes dados, o que quer que a aplicação faça, seja complexo ou muito simples.

Assinatura Digital – Código anexado ou logicamente associado a uma mensagem eletrônica que permite de forma única e exclusiva a comprovação da autoria de um determinado conjunto de dados (um arquivo, um *email* ou uma transação). A assinatura digital comprova que a pessoa criou ou concorda com um documento assinado digitalmente, como a assinatura de próprio punho comprova a autoria de um documento escrito. A verificação da origem do dado é feita com a chave pública do remetente.

Ataque – i. Ato de tentar desviar dos controles de segurança de um programa, sistema ou rede de computadores. Um ataque pode ser ativo, tendo por resultado a alteração dos dados; ou passivo, tendo por resultado a liberação dos dados. ii. Tentativa de criptoanálise. O fato de um ataque estar acontecendo não significa necessariamente que ele terá sucesso. O nível de sucesso depende da vulnerabilidade do sistema ou da atividade e da eficácia de contramedidas existentes.

Ativação de Chave – Método pelo qual a chave criptográfica fica pronta para exercer suas funções. A ativação da chave se dá por meio de um módulo criptográfico, após a identificação dos operadores responsáveis. A identificação pode ocorrer através de uma senha ou outro dispositivo de controle de acesso como um *token*, *smart card*, biometria.

Ativo de Informação – É o patrimônio composto por todos os dados e informações geradas e manipuladas durante a execução dos sistemas e processos de uma organização.

Ativo de Processamento – É patrimônio composto por todos os elementos de *hardware* e *software* necessários para a execução dos sistemas e processos das entidades, tanto os produzidos internamente quanto os adquiridos.

Atribuição de Chaves (Key Establishment) – Processo ou protocolo que possibilita atribuir uma chave criptográfica simétrica compartilhada a parceiros legítimos A atribuição de chaves pode ser realizada por um processo automático (protocolo de negociação de chaves ou protocolo de transporte de chaves), método manual ou uma combinação dos anteriores.

Auditor – Profissional que realiza a avaliação dos controles e processos das entidades auditadas. Deve ser idôneo, dotado de capacidades e conhecimentos técnicos específicos e realizar o seu trabalho com observância de princípcis, métodos e técnicas geralmente aceitos. Não deve possuir nenhum dos impedimentos ou suspeições estabelecidos nas normas da ICPBrasil e no Código de Processo Civil.

Auditor Independente – É aquele auditor que não está vinculado aos quadros do ITI nem da entidade auditada. Trabalha para uma empresa de auditoria independente.

Auditoria – Procedimento utilizado para verificar se todos os controles, equipamentos e dispositivos estão preparados e são adequados às regras, normas, objetivos e funções. Inclui o registro e análise de todas as atividades importantes para detectar vulnerabilidades, determinar se houve violação ou abusos em um sistema de informações com vista a possibilitar ao auditor formar uma opinião e emitir um parecer sobre a matéria analisada.

Auditoria de Conformidade – Avaliação da adequação dos processos, procedimentos e atividades das unidades auditadas com a legislação e os regulamentos aplicáveis. Verificam-se todos os aspectos relacionados com a emissão e o gerenciamento de certificados digitais, incluindo o controle dos processos de solicitação, identificação, autenticação, geração, publicação, distribuição, renovação e revogação de certificados.

Auditoria Independente – Auditoria realizada por Empresa de Auditoria Especializada e Independente.

Auditoria Operacional – Auditoria de conformidade realizada após o processo de credenciamento. Realizada anualmente ou a qualquer momento, se houver suspeitas de irregularidades.

Auditoria Pré-operacional – Auditoria de conformidade realizada antes do processo de credenciamento.

Autenticação – Processo de confirmação da identidade de uma pessoa física (Autenticação de um Indivíduo) ou jurídica (Autenticação da Identidade de uma Organização) através das documentações apresentadas pelo solicitante e da confirmação dos dados da solicitação. Executado por Agentes de Registro, como parte do processo de aprovação de uma solicitação de certificado digital.

Autenticação do Agente de Registro – Verificação da identidade de um Agente de Registro, em um sistema computadorizado, como um pré-requisito para permitir o acesso aos recursos de um sistema. Na ICPBrasil a autenticação do Agente deve se dar com o uso de certificado que tenha requisito de segurança, no mínimo, equivalente ao de um certificado A3.

Autenticação e Sincronização de Relógio (ASR) – Atividade periodicamente realizada pela EAT que resulta na habilitação ou não de um SAS ou de um SCT para operar sincronizado com a Hora Legal Brasileira. Essas operações devem ser efetuadas por intermédio de um conjunto de protocolos que garantam que o resultado final seja isento de fraudes.

Autenticidade – Qualidade de um documento ser o que diz ser, independente de se tratar de minuta, original ou cópia e que é livre de adulterações ou qualquer outro tipo de corrupção.

Autoassinatura digital – É a assinatura feita usando a chave privada correspondente à chave pública associada ao certificado digital.

Autoteste – A estratégia de autoteste foi proposta inicialmente para ser utilizada em classes de sistemas orientados a objetos. Nesta estratégia, é incorporada uma especificação de testes à classe, além do acréscimo de funções BIT (do inglês *Builtin Test*) que criam capacidades de observação e controle do estado da classe. A ideia principal é a incorporação ao componente da capacidade de gerar casos de testes automaticamente, ou da inclusão de casos de teste já prontos. Esses casos de teste podem ser executados pelo cliente ou pelo próprio componente.

Autoridade Certificadora (AC) – É a entidade subordinada à hierarquia da ICPBrasil, responsável por emitir, distribuir, renovar, revogar e gerenciar certificados digitais. Cabe também à AC emitir listas de certificados revogados (LCR) e manter registros

GLOSSÁRIO

de suas operações sempre obedecendo às práticas definidas na Declaração de Práticas de Certificação (DPC). Desempenha como função essencial a responsabilidade de verificar se o titular do certificado possui a chave privada que corresponde à chave pública que faz parte do certificado. Cria e assina digitalmente o certificado do assinante, onde o certificado emitido pela AC representa a declaração da identidade do titular, que possui um par único de chaves (pública/privada). Na hierarquia dos Serviços de Certificação Pública, as AC estão subordinadas à Autoridade Certificadora de nível hierarquicamente superior.

Autoridade Certificadora – Primeira AC da cadeia de certificação da Infraestrutura de Chaves Públicas – Vide Raiz (AC Raiz).

Autoridade de Carimbo de Tempo (ACT) – A autoridade na qual os usuários de serviços de carimbo do tempo (isto é, os subscritores e as terceiras partes) confiam para emitir carimbos do tempo.

Autoridade de Registro (AR) – Entidade responsável pela interface entre o usuário e a Autoridade Certificadora. Vinculada a uma AC que tem por objetivo o recebimento, validação, encaminhamento de solicitações de emissão ou revogação de certificados digitais às AC e identificação, de forma presencial, de seus solicitantes. É responsabilidade da AR manter registros de suas operações. Pode estar fisicamente localizada em uma AC ou ser uma entidade de registro remota.

Autoridade Gestora de Políticas da ICPBrasil – Vide Comitê Gestor da ICPBrasil.

Autorização – Concessão de direito ou permissão que inclui a capacidade de acessar informações e recursos específicos em um sistema computacional ou permissão de acesso a ambientes físicos.

Autorização de Auditoria Independente – Constitui ato declaratório do Diretor de Auditoria, Fiscalização e Normalização do ITI que permite ao Auditor Independente prestar serviços de auditoria, no âmbito da ICPBrasil, em conformidade com as normas estabelecidas por este Comitê Gestor.

Avaliação de Conformidade – Conjunto de ensaios com o objetivo de verificar se os padrões e especificações técnicas mínimas aplicáveis a um determinado sistema ou equipamento de certificação digital estão atendidos.

B

Backup – Vide Cópia de Segurança.

Banco de dados – Basicamente é um conjunto de informações relacionadas que são reunidas de forma organizada e categorizada, assim como os "arquivos tradicionais em forma de fichas", porém armazenados em meio magnético (disco de computadores) e que são "Gerenciados" por "Sistemas Especializados", ou, os chamados "Sistemas Gerenciadores de Banco de Dados" (ex: *MYSQL, SQL Server, Oracle, DB2, IMS/DLI, ADABAS,* etc.), que permitem armazenagem, atualização e recuperação dessas informações de forma eficiente (fácil, rápida e precisa) independente do volume.

BASE64 – É um método para codificação de dados para transferência na internet (*Content Transfer Enconding*).

BER (*Basic Encoding Rules*) – Regras para codificação de objetos ASN.1 em uma sequência de *bytes*.

Biometria – Ciência que utiliza propriedades físicas e biológicas únicas e exclusivas para identificar indivíduos. São exemplos de identificação biométrica as impressões digitais, o escaneamento de retina e o reconhecimento de voz.

***Bit* (*Binary digit*)** – É a menor unidade de informação possível dentro de um computador. Pode assumir os valores de 0 ou 1.

Bloco – Sequência de bits de comprimento fixo.

Buffer – É uma região de memória temporária utilizada para escrita e leitura de dados. Os dados podem ser originados de dispositivos (ou processos) externos ou internos ao sistema. Os *buffers* podem ser implementados em software (mais usado) ou hardware. Normalmente são utilizados quando existe uma diferença entre a taxa em que os dados são recebidos e a taxa em que eles podem ser processados, ou no caso em que essas taxas são variáveis.

Bureau International des Poids et Mesures (BIPM) – Organização Central do Sistema Internacional de Metrologia localizada na França e responsável pela geração do UTC.

C

Cachê – É um bloco de memória para o armazenamento temporário de dados que possuem uma grande probabilidade de serem utilizados novamente.

Cadastro de Auditoria Independente – Registro cadastral oficial do ITI das empresas de auditoria especializada e independente. Para almejar o cadastro a empresa deverá apresentar ao ITI rol de documentos previstos na resolução 44 do CG da ICP-Brasil. O cadastro terá validade de 5 anos sendo possível renovações.

Cadeia de AC – São as interligações hierárquicas existentes entre as diversas Autoridades Certificadoras participantes da ICPBrasil.

Cadeia de Certificação – Uma série hierárquica de certificados assinados por sucessivas autoridades certificadoras.

Carimbo de Tempo – Documento eletrônico emitido pela ACT, que serve como evidência de que uma informação digital existia numa determinada data e hora no passado.

Cartão Inteligente – Vide *Smart Card*.

Cavalo de Troia – É um programa no qual um código malicioso ou prejudicial está contido dentro de uma programação ou dados aparentemente inofensivos, de modo a poder obter o controle e causar danos.

CBC (Cipher Block Chaining) – É um modo de operação de uma cifra de bloco (ver cifra de bloco), em que o texto plano primeiro é submetido a uma operação binária de XOR com o criptograma resultante do bloco anterior. Algum valor conhecido é usado para o primeiro bloco (normalmente chamado de vetor de inicialização, esse valor deve ser único para cada mensagem, mas não precisa ser secreto – pode ser enviado junto com o criptograma, para permitir a decifração). O resultado é então cifrado usando a chave simétrica. Assim, blocos de entrada idênticos em texto claro irão produzir criptogramas diferentes.

Certificação de Data e Hora – Vide *Timestamping*.

Certificação Digital – É a atividade de reconhecimento em meio eletrônico que se caracteriza pelo estabelecimento de uma relação única, exclusiva e intransferível entre uma chave de criptografia e uma pessoa física, jurídica, máquina ou aplicação. Esse reconhecimento é inserido em um Certificado Digital, por uma Autoridade Certificadora.

Certificado de Atributo – Estrutura de dados contendo um conjunto de atributos (características e informações) sobre a entidade final, que é assinada digitalmente com a chave privada da entidade que o emitiu. Pode possuir um período de validade, durante o qual os atributos incluídos no certificado são considerados válidos.

Certificado Autoassinado – Certificado assinado com a chave privada da própria entidade que o gerou. O único certificado autoassinado a ICPBrasil é o da Autoridade Certificadora Raiz.

GLOSSÁRIO   135

Certificado de Calibração – Documento emitido pelo Observatório Nacional atestando que o equipamento usado para emitir carimbos de tempo (SCT) está dentro dos padrões de sincronismo esperados e está apto a entrar em funcionamento.

Certificado de Assinatura Digital (A1, A2, A3 e A4) – São os certificados usados para confirmação da identidade na *web*, correio eletrônico, transações *online*, redes privadas virtuais, transações eletrônicas, informações eletrônicas, cifração de chaves de sessão e assinatura de documentos com verificação da integridade de suas informações.

Certificado de Especificações – Documento com as descrições dos requisitos atendidos pelo SCT, no qual o seu fabricante declara responsabilidade sobre estas características. Cada certificado é restrito a um SCT.

Certificado de Sigilo (S1, S2, S3 e S4) – São os certificados usados para cifração de documentos, bases de dados, mensagens e outras informações eletrônicas.

Certificado Digital – É um conjunto de dados de computador, gerados por uma Autoridade Certificadora, em observância à Recomendação Internacional ITUT X.509, que se destina a registrar, de forma única, exclusiva e intransferível, a relação existente entre uma chave de criptografia e uma pessoa física, jurídica, máquina ou aplicação.

Certificado do Tipo A1 e S1 – É o certificado em que a geração das chaves criptográficas é feita por software e seu armazenamento pode ser feito em hardware ou repositório protegido por senha, cifrado por *software*. Sua validade máxima é de um ano, sendo a frequência de publicação da LCR no máximo de 48 horas e o prazo máximo admitido para conclusão do processo de revogação de 72 horas.

Certificado do Tipo A2 e S2 – É o certificado em que a geração das chaves criptográficas é feita em software e as mesmas são armazenadas em Cartão Inteligente ou *Token*, ambos sem capacidade de geração de chave e protegidos por senha. As chaves criptográficas têm no mínimo 1024 bits. A validade máxima do certificado é de dois anos, sendo a frequência de publicação da LCR no máximo de 36 horas e o prazo máximo admitido para conclusão do processo de revogação de 54 horas.

Certificado do Tipo A3 e S3 – É o certificado em que a geração e o armazenamento das chaves criptográficas são feitos em cartão Inteligente ou *Token*, ambos com capacidade de geração de chaves e protegidos por senha, ou *hardware* criptográfico aprovado pela ICPBrasil. As chaves criptográficas têm no mínimo 1024 bits. A validade máxima do certificado é de três anos, sendo a frequência de publicação da LCR no máximo de 24 horas e o prazo máximo admitido para conclusão do processo de revogação de 36 horas.

Certificado do Tipo A4 e S4 – É o certificado em que a geração e o armazenamento das chaves criptográficas são feitos em cartão Inteligente ou *Token*, ambos com capacidade de geração de chaves e protegidos por senha, ou *hardware* criptográfico aprovado pela ICPBrasil. As chaves criptográficas têm no mínimo 2048 bits. A validade máxima do certificado é de três anos, sendo a frequência de publicação da LCR no máximo de 12 horas e o prazo máximo admitido para conclusão do processo de revogação de 18 horas.

Certificado Expirado – Certificado cuja data de validade foi ultrapassada.

Certificado Válido – É um certificado que está dentro do prazo de validade, não tendo sido revogado e sendo possível validar toda a cadeia do certificado até uma AC Raiz aceita pelo usuário que recebe e valida o certificado.

CFB (*Ciphertext Feedback*) – É um modo de operação para uma cifra de bloco (ver Cifra de Bloco), no qual a saída do sistema é retroalimentada no mecanismo. Depois que cada bloco é cifrado, parte dele sofre um deslocamento em um registrador. O conteúdo desse registrador é cifrado usando a chave do usuário e a saída sofre uma nova operação binária de XOR com os dados de entrada, para produzir o criptograma. Nesse modo, podemos trabalhar com blocos de mensagens menores do que o tamanho nativo do algoritmo. Dependendo do sistema externo onde está inserido o sistema criptográfico, isso pode trazer vantagens, pois evita a utilização de *buffers* para armazenar temporariamente elementos da mensagem até completar o tamanho de bloco do algoritmo. Efetivamente, o que se irá obter é uma conversão do algoritmo, que opera em forma nativa como cifrador de blocos, em um sistema de cifração sequencial. Esse método é autosincronizável e permite que o usuário decifre apenas uma parte de uma grande base de dados, se começar a partir de uma distância fixa dos dados desejados.

Chave Criptográfica – É o valor numérico ou código usado com um algoritmo criptográfico para transformar, validar, autenticar, cifrar e decifrar dados.

Chave Criptográfica em Texto Claro – Representa uma chave criptográfica não cifrada.

Chave Criptográfica Secreta – Vide Chave Privada e Chave Simétrica.

Chave de Sessão – Chave para sistemas criptográficos simétricos. Utilizada pela duração de uma mensagem ou sessão de comunicação. O protocolo SSL (*Secure Sockets Layer*) utiliza as chaves de sessão para manter a segurança das comunicações via internet.

Chave Privada – Uma das chaves de um par de chaves criptográficas (a outra é uma chave pública) em um sistema de criptografia assimétrica. É mantida secreta pelo seu dono (detentor de um certificado digital) e usada para criar assinaturas digitais e para decifrar mensagens ou arquivos cifrados com a chave pública correspondente.

Chave Pública – Uma das chaves de um par de chaves criptográficas (a outra é uma chave privada) em um sistema de criptografia assimétrica. É divulgada pelo seu dono e usada para verificar a assinatura digital criada com a chave privada correspondente. Dependendo do algoritmo, a chave pública também é usada para cifrar mensagens ou arquivos que possam, então, ser decifrados com a chave privada correspondente.

Chave Simétrica – Chave criptográfica gerada por um algoritmo simétrico (Ver Algoritmo Simétrico).

Chaves Assimétricas – Chaves criptográficas geradas por um algoritmo assimétrico (Ver Algoritmo Assimétrico).

Ciclo de Vida do Certificado – Período de tempo que se inicia com a solicitação do certificado e termina com sua expiração ou revogação.

Cifra de Bloco – Algoritmo criptográfico simétrico, no qual a mensagem é dividida em blocos e cada bloco é cifrado separadamente.

Cifrar – i. É o processo de transformação de dados ou informação para uma forma ininteligível usando um algoritmo criptográfico e uma chave criptográfica. Os dados não podem ser recuperados sem usar o processo inverso de decifração. ii. Processo de conversação de dados em "código ilegível" de forma a impedir que pessoas não autorizadas tenham acesso à informação.

Classificação da Informação – Ato ou efeito de analisar e identificar o conteúdo de documentos, atribuindo um grau de sigilo que define as condições de acesso aos mesmos, conforme normas e legislação em vigor.

CMMSE (*Capability Maturity Model do Software Engineering Institute*) – Modelo para avaliação da maturidade dos processos de software de uma organização e para identificação das práticas chave que são requeridas para aumentar a maturidade desses processos. O CMM prevê cinco níveis de maturidade: inicial, repetível, definido, gerenciado e otimizado. O modelo foi proposto por Watts S. Humphrey, a partir das propostas de Philip B. Crosby, e vem sendo aperfeiçoado pelo *Software Engineering Institute* SEI da Carnegie Mellon University.

GLOSSÁRIO

CMPV (Cryptographic Module Validation Program) – Programa de testes para módulos criptográficos criado pelo *NIST (National Institute of Standards and Technology*, do governo dos Estados Unidos, e pelo CSE (*Communications Security Establishment*) do governo do Canadá, em 1995. Utiliza-se de laboratórios independentes credenciados. Fabricantes interessados nos testes de validação podem selecionar qualquer um dos laboratórios credenciados. Para as validações, são utilizados os requisitos definidos no padrão FIPS 1402.

CN (Common Name) – Atributo especificado dentro do campo Assunto Nome Distinto (*Distinguished Name*) de um certificado. Por exemplo, para certificados de servidor o nome do *"host"* DNS do site a ser certificado; para um Certificado de Assinatura de Software, o nome comum é o nome da organização e em certificados de assinante, o nome comum é normalmente composto pelo prenome e sobrenome do titular.

Coassinatura – A coassinatura (*cosign*) é aquela gerada independente das outras assinaturas.

Código de Autenticação – Corresponde a um verificador criptográfico de integridade e autenticidade que é comumente referenciado como MAC (*Message Authentication Code*).

Comitê Gestor da ICPBrasil – Autoridade gestora de políticas da ICPBrasil que tem suas competências definidas na Medida Provisória nº 2.200-2, convertida na Lei nº 10.276/2001. É responsável, dentre outras coisas, por estabelecer a política e as normas de certificação, fiscaliza a atuação da Autoridade Certificadora Raiz, cuja atividade é exercida pelo Instituto Nacional de Tecnologia da Informação.

Commom Criteria (CC) – É um padrão internacional (ISO/IEC 15408) para a segurança do computador. CC fornece a garantia que o processo da especificação, da execução e da avaliação de um produto de segurança do computador foi conduzido de modo rigoroso e padronizado.

Compensação (*Offset*) – Correção necessária no relógio local para fazer com que indique o mesmo tempo indicado pelo relógio de referência.

Comprometimento – Violação concreta ou suspeita de violação de uma política de segurança de um sistema, onde possa ter ocorrido divulgação não autorizada ou perda do controle sobre informações sigilosas.

Confiança – É a suposição de que uma entidade se comportará substancialmente como esperado no desempenho de uma função específica.

Confidencial – Tipo de classificação de informação, que se for divulgada ou usada sem autorização, trará sérios prejuízos para uma organização.

Confidencialidade – Propriedade de certos dados ou informações que não podem ser disponibilizadas ou divulgadas sem autorização para pessoas, entidades ou processos. Assegurar a confidencialidade de documentos é assegurar que apenas pessoas autorizadas tenham acesso à informação.

Confirmação da Identidade – Vide Autenticação da Identidade.

Consulta *Online* de Situação do Certificado – Vide OCSP.

Conta – Permissão para acesso a um serviço. A permissão é obtida após o registro de dados específicos do usuário, no servidor, que definem o ambiente de trabalho desse usuário. O registro pode incluir configurações de tela, configurações de aplicativos e conexões de rede. O que o usuário vê na tela, além de quais arquivos, aplicativos e diretórios ele tem acesso é determinado pela maneira com que foi configurada a conta do usuário.

Contexto Seguro de Execução – Estrutura de dados existente durante a execução da biblioteca criptográfica onde as chaves criptográficas estão protegidas contra divulgação, modificação e substituição não autorizada.

Contingência – Situação excepcional decorrente de um desastre.

Contra-assinatura – A contra-assinatura (*countersign*) é aquela realizada sobre uma assinatura já existente. Na especificação CMS a contraassinatura é adicionada na forma de um atributo não autenticado (*countersignature attribute*) no bloco de informações (*signerInfo*) relacionado à assinatura já existente.

Controle "n de m" – Forma de controle múltiplo onde "n" pessoas de um grupo de "m", são requeridas para utilização de uma chave privada.

Controle de Acesso – i. Conjunto de componentes dedicados a proteger a rede, aplicações *Web* e instalações físicas de uma AC contra o acesso não autorizado, permitindo que somente organizações ou indivíduos previamente identificados e autorizados possam utilizá-las. ii. Restrições ao acesso às informações de um sistema, exercidas pela gerência de segurança da entidade detentora daquele sistema.

Controles – i. Procedimentos usados para controlar o sistema de tal maneira que ele esteja de acordo com critérios especificados. ii. Qualquer ação, procedimento, técnica ou qualquer outra medida que reduza a vulnerabilidade de uma ameaça a um sistema.

Cópia de Segurança – São as cópias feitas de um arquivo ou de um documento que deverão ser guardadas sob condições especiais para a preservação de sua integridade no que diz respeito tanto à forma quanto ao conteúdo, de maneira a permitir o resgate de programas ou informações importantes em caso de falha ou perda dos originais.

COTEC – O Comitê Técnico COTEC presta suporte técnico e assistência ao Comitê Gestor da ICPBrasil, sendo responsável por manifestar previamente sobre as matérias apreciadas e decididas pelo comitê Gestor.

Credenciamento – Entende-se como o processo em que o ITI avalia e aprova os documentos legais, técnicos, as práticas e os procedimentos das entidades que desejam ingressar na ICPBrasil. Aplica-se a Autoridades Certificadoras, Autoridades de Registro e Prestadores de Serviços de Suporte. Quando aprovados, os credenciamentos são publicados no Diário Oficial da União.

CryptoAPI – *Cryptographic Application Programming Interface* (também conhecida como *CryptoAPI, Microsoft Cryptography API*, ou simplesmente *CAPI*) é uma interface de programação para aplicações incluída com o sistema operacional *Microsoft Windows* que provê serviços para habilitar desenvolvedores para aplicações de segurança baseadas em *Windows* usando criptografia. É um conjunto de bibliotecas dinamicamente ligadas que provê um nível de abstração que isola programadores do código usado para cifrar dados.

Criptografar – Ver Cifrar

Criptografia – i. Disciplina de criptologia que trata dos princípios, dos meios e dos métodos de transformação de documentos com o objetivo de mascarar seu conteúdo, impedir modificações, uso não autorizado e dar segurança à confidência e autenticação de dados. ii. Ciência que estuda os princípios, meios e métodos para tornar ininteligíveis as informações, através de um processo de cifragem, e para restaurar informações cifradas para sua forma original, inteligível, através de um processo de decifragem. A criptografia também se preocupa com as técnicas de criptoanálise, que dizem respeito à formas de recuperar aquela informação sem se ter os parâmetros completos para a decifragem.

Criptografia Assimétrica – É um tipo de criptografia que usa um par de chaves criptográficas distintas (privada e pública) e matematicamente relacionadas. A chave pública está disponível para todos que queiram cifrar informações para o dono da chave privada ou para verificação de uma assinatura digital criada com a chave privada correspondente; a chave privada é mantida em segredo pelo seu dono e pode decifrar informações ou gerar assinaturas digitais.

GLOSSÁRIO

Criptografia de Chaves Públicas – Ver Criptografia Assimétrica.

CSP (Cryptographic Service Provider) – É uma biblioteca de software que implementa a *Cryptographic Application Programming Interface (CAPI)*. CSP's implementam funções de codificação e decodificação, que os programas de aplicação de computador podem usar para, por exemplo, autenticação segura de usuário ou para o email seguro. CSP's são executados basicamente como um tipo especial de DLL com limitações especiais no carregamento e no uso.

Curvas Elípticas – A criptografia de curvas elípticas (ECC) é uma abordagem de criptografia de chave pública baseada na estrutura algébrica de curvas algébricas de campos finitos. As curvas elípticas são usadas também em diversos algoritmos de fatoração de inteiro que tem aplicações em criptografia.

Custódia – Consiste na responsabilidade jurídica de guarda e proteção de um ativo, independente de vínculo de propriedade. A custódia, entretanto, não permite automaticamente o acesso ao ativo, nem o direito de conceder acesso a outros.

D

Dados – Informações representadas em forma digital, incluindo voz, texto, *facsímile*, imagens e vídeo.

Dados de Ativação – Valores de dados, que não sejam chaves criptográficas, necessários para operar módulos criptográficos e que necessitam ser protegidos (ex.: PIN, *passphrase* ou uma chave compartilhada manualmente).

Data de validade do Certificado – A hora e a data de quando termina o período operacional de um certificado digital. Não tem relação com a revogação antes da hora e data anteriormente prevista.

Datação de Registros – É o serviço de certificação da hora e do dia em que foi assinado um documento eletrônico, com identidade do autor.

Decifrar – Processo que transforma dados previamente cifrados e ininteligíveis de volta à sua forma legível.

Declaração das Práticas de Carimbo de Tempo (DPCT) – Declaração das práticas e dos procedimentos empregados pela ACT para emitir Carimbos do Tempo.

Declaração de Práticas de Certificação (DPC) – Documento, periodicamente revisado e republicado, que descreve as práticas e os procedimentos empregados pela Autoridade Certificadora na execução de seus serviços. É a declaração a respeito dos detalhes do sistema de credenciamento, as práticas, atividades e políticas que fundamentam a emissão de certificados e outros serviços relacionados. É utilizado pelas Autoridades Certificadoras para garantir a emissão correta dos certificados e pelos solicitantes e partes confiantes para avaliar a adequação dos padrões de segurança empregados às necessidades de segurança de suas aplicações.

Decriptografar – Ver Decifrar.

DER (Distinguished Encoding Rules) – Regras para codificação de objetos ASN.1 em uma sequência de *bytes*. Corresponde a um caso especial de BER.

DES (Data Encryption Standard) – Algoritmo simétrico de criptografia de dados que utiliza um sistema de cifragem em blocos. Foi criado pela IBM em 1977 e apesar de permitir cerca de 72 quadrilhões de combinações (256), seu tamanho de chave (56 bits) é considerado pequeno, tendo sido quebrado por "força bruta" em 1997 em um desafio lançado na internet. Está definido no documento de padronização FIPS 461.

Desastre – i. É um evento súbito e inesperado cujo impacto resulta em perdas significativas para a organização. ii. Uma circunstância em que um negócio é julgado incapaz de funcionar em consequência de alguma ocorrência natural ou criada.

Desativação de Chave – Contrário de ativação de chave (ver Ativação de Chave).

Destruição de Chave – Refere-se à destruição física da mídia armazenadora e/ou lógica (sobrescrever os espaços onde a chave estiver armazenada) da chave criptográfica.

DiffieHellman – *DiffieHellman* é um método de criptografia desenvolvido por Whitfield Diffie e Martin Hellman e publicado em 1976. O algoritmo *DiffieHellman* permite que haja a troca de chaves públicas entre duas ou mais partes, permitindo que as pessoas que recebem a chave pública usem essa chave para cifrar o conteúdo de uma mensagem que será enviada à parte que forneceu a chave pública. Esse texto cifrado não poderá ser aberto por indivíduos que possuam a chave pública e sim, apenas pela parte que enviou a chave pública, pois a mesma possui a chave privada que se encontra em seu poder. Tendo posse dessa chave a mensagem cifrada poderá ser aberta.

Direito de Acesso – É o privilégio associado a um cargo, pessoa ou processo para ter acesso a um ativo.

Diretório – Unidade lógica de armazenamento que permite agrupar arquivos em pastas hierárquicas e subpastas.

Disponibilidade – É a razão entre o tempo durante o qual o sistema está acessível e operacional e o tempo decorrido. No âmbito da ICPBrasil a disponibilidade das informações publicadas pelas AC em serviço de diretório ou página *web* deve ser de 99% do mês, 24 horas por dia e 7 dias por semana.

DMZ (Demilitarized Zone) – Uma área na rede de uma empresa que é acessível à rede pública (internet), mas não faz parte da sua rede interna. Geralmente, esses servidores possuem números de IP acessíveis pela rede externa, o que os torna alvos de ataques. Para assegurar que os riscos são minimizados, um sistema de detecção e prevenção de intrusos deve ser implementado nessa DMZ.

DN (Distinguished Name) – Conjunto de dados que identifica de modo inequívoco uma entidade ou indivíduo pertencente ao mundo físico no mundo digital (por exemplo: país=BR, estado=Rio de Janeiro, nome organizacional=Sua Empresa S.A., nome comum=José da Silva).

DNS (Domain Name Service) – É um serviço e um protocolo da família TCP/IP para o armazenamento e consulta às informações sobre recursos da rede. A implementação é distribuída entre diferentes servidores e trata principalmente da conversão de nomes internet em seus números IP correspondentes.

Documentação Técnica – Conjunto de documentos técnicos que acompanham o objeto de homologação e que a parte interessada deve depositar no LSITECLEA para servir ao processo de homologação. A documentação técnica deve apresentar uma descrição técnica sobre o objeto de homologação que satisfaça aos requisitos definidos no MCT.

Documento – Unidade de registro de informações, qualquer que seja o suporte.

Documento Digital – Unidade de registro de informações, codificada por meio de dígitos binários.

Documento Eletrônico – Unidade de registro de informações, acessível por meio de um equipamento eletrônico.

Drift – Variação no *skew* (segunda derivada do *offset*) apresentada por alguns relógios.

DSA (Digital Signature Algarithm) – Algoritmo unicamente destinado a assinaturas digitais, foi proposto pelo NIST em agosto de 1991, para utilização no seu padrão DSS (*Digital Signature Standard*). Adotado como padrão final em dezembro de 1994, trata de uma variação dos algoritmos de assinatura ElGamal e Schnorr. Foi inventado pela NSA e patenteado pelo governo americano.

E

ECB (Electronic Code Book) – É um modo de operação de uma cifra de bloco (ver cifra de bloco), com a característica que cada bloco possível de "texto claro" tem um valor correspondente definido da mensagem cifrada e viceversa. Ou seja o mesmo valor de "texto claro" resultará sempre no mesmo valor da mensagem cifrada. ECB é usado quando um volume de "texto claro" é dividido em diversos blocos dos dados, onde cada um é então cifrado independentemente de outros blocos. De fato, ECB tem a capacidade de suportar uma chave separada de cifração para cada tipo do bloco.

ePING – Padrões de Interoperabilidade de Governo Eletrônico: define um conjunto mínimo de premissas, políticas e especificações técnicas que regulamentam a utilização da Tecnologia de Informação e Comunicação (TIC) na interoperabilidade de Serviços de Governo Eletrônico, estabelecendo as condições de interação com os demais poderes e esferas de governo e com a sociedade em geral. As áreas cobertas pela ePING, estão segmentadas em: "Interconexão"; " Segurança"; "Meios de Acesso"; "Organização e Intercâmbio de Informações"; "Áreas e Assuntos de Integração para Governo Eletrônico".

Elemento de Dado – No contexto da norma ISO/IEC 78164 referente ao cartão inteligente, um elemento de dado corresponde a um item de informação para o qual é associado um nome, uma descrição de conteúdo lógico, um formato e uma codificação [ISO/IEC 78164].

Emitir Certificado Digital – É a atividade de geração de um Certificado Digital, a inclusão neste dos dados de identificação do seu emissor (Autoridade Certificadora), do titular e da sua assinatura digital e subsequente notificação ao seu solicitante, observados os dispostos nos documentos públicos das AC denominados Práticas de Certificação PC e Declaração de Práticas de Certificação – DPC.

Empresa de Auditoria Especializada e Independente – Vide Empresa de Auditoria Independente.

Empresa de Auditoria Independente – São empresas de Auditoria Independentes, autorizadas pelo ITI para atuar na ICPBrasil e que podem ser contratadas pelas autoridades certificadoras para realizar auditorias operacionais em entidades a elas subordinadas.

Encadeamento – Ato de associar um carimbo de tempo a outro.

Encriptar – Ver Cifrar.

Engenharia Social – É o termo utilizado para a obtenção de informações importantes de uma organização, através de seus usuários e colaboradores, ou de uma pessoa física. Essas informações podem ser obtidas pela ingenuidade ou confiança. Os ataques desta natureza podem ser realizados através de telefonemas, envio de mensagens por correio eletrônico, salas de batepapo e até mesmo pessoalmente.

Ensaio – Procedimento técnico realizado em conformidade com as normas aplicáveis, que objetiva analisar um ou mais requisitos técnicos de um dado sistema ou equipamento.

Entidade de Auditoria de Tempo (EAT) – Entidade que realiza as atividades de autenticação e sincronismo de Servidores de Carimbo do Tempo (SCT), instalados nas ACT. Na estrutura de carimbo do tempo da ICPBrasil, a EAT é o próprio Observatório Nacional.

Entidades Operacionalmente Vinculadas – Entidade relacionada a outra: i. como matriz, subsidiária, sócia, *jointventure,* contratada ou agente, ii. como membro de uma comunidade de interesses registrada, ou iii. como entidade que mantém relacionamento com uma entidade principal, que mantém negócios ou registros capazes de fornecer comprovação adequada da identidade da afiliada. No caso da ICPBrasil, diz-se que uma AR ou PSS está operacionalmente vinculada a uma AC, por exemplo.

Entidade Usuária Externa – Um indivíduo ou processo que realiza acesso a um módulo criptográfico independentemente do papel assumido.

Enveloped Data – Consiste em conteúdo cifrado de todos os tipos e chaves cifradas de sessão do tipo *"contentencryption"* para um ou mais recipientes. As mensagens *"enveloped"* mantêm os conteúdos do segredo da mensagem e reservam-nos somente a pessoas ou entidades para recuperar os conteúdos. *Cryptographic message syntax (CMS)* pode ser usado para codificar mensagens *"enveloped"*.

Equipamento de Certificação Digital – Todo e qualquer aparelho, dispositivo ou elemento físico que compõe meio necessário ou suficiente à realização de Certificação Digital.

Erro – Diferença de tempo medida pelo Observatório Nacional entre o SAS e o SCT da ACT.

Erro Máximo Acumulado – Erro máximo que pode ser acumulado pelo relógio interno do SCT, entre duas ASR.

Estabilidade – Capacidade de um oscilador em manter a mesma frequência em um determinado intervalo de tempo.

Escrow **de Chave Privada** – Vide Recuperação de Chave.

Evento – São ocorrências de significância, eletrônicas ou manuais, que devem ser registradas para análises e auditorias posteriores. Na ICPBrasil, há diversos tipos de eventos que devem obrigatoriamente ser registrados, como: iniciação e desligamento do sistema de certificação; tentativas de criar, remover, definir senhas ou mudar os privilégios de sistema dos operadores da AC etc.

Exatidão – Afastamento máximo tolerado entre o valor indicado por um sistema de medição e o valor verdadeiro do tempo.

Expoente Privado – Representa o expoente na definição de chave privada: par (d, n) onde "d" é o expoente privado e "n" é o módulo público (produto de dois fatores primos privados).

Expoente Público – Representa o expoente na definição de chave pública: par (e, n) onde "e" é o expoente público e "n" é o módulo público (produto de dois fatores primos privados).

Exportação de Certificado Digital – É a atividade de copiar um Certificado Digital instalado em determinado computador ou hardware, para um disquete, CD, etc., permitindo a sua instalação em outro(s) computador(es) ou hardware.

Exportação de Chaves Criptográficas – Processo de retirada de chave criptográfica do módulo criptográfico. A exportação pode ser realizada de forma manual ou automática.

Exportação de Chaves Criptográficas de forma Automática – Processo de retirada de chave criptográfica de um módulo criptográfico que utiliza uma mídia eletrônica ou meio de comunicação eletrônico.

Exportação de Chaves Criptográficas de forma Manual – Processo de retirada de chave criptográfica do módulo criptográfico que utiliza métodos manuais. Ex: apresentação do valor da chave um *display*.

F

FIPS (Federal Information Processing Standards) – Correspondem aos padrões e diretrizes desenvolvidos e publicados pelo NIST (*National Institute of Standards and Technology*) para uso de sistemas computacionais no âmbito governamental

GLOSSÁRIO

federal norteamericano. O NIST desenvolve os padrões e diretrizes FIPS quando há requisitos obrigatórios do governo federal, tais como, segurança e interoperabilidade e não há padrões ou soluções industriais aceitáveis.

FIPS 140 (Federal Information Processing Standards 140) – O Federal Information Processing Standards 140 é um padrão do governo dos Estados Unidos para implementações de módulos de criptografia ou seja, hardware e software para cifrar e decifrar dados ou realizar outras operações criptográficas (como geração ou verificação de assinaturas digitais). Encontra-se atualmente na versão 2, estando em elaboração, pelo NIST, a versão 3.

Firewall – É um conjunto formado por Hardware, Software e uma política de acesso instalado entre redes, com o propósito de segurança. A função do *firewall* é controlar o tráfego entre duas ou mais redes, com o objetivo de fornecer segurança, prevenir ou reduzir ataques ou invasões às bases de dados corporativas, a uma (ou algumas) das redes, que normalmente têm informações e recursos que não devem estar disponíveis aos usuários da(s) outra(s) rede(s).

Firmware – Programas e componentes de dados de um módulo que estão armazenados em uma porção de hardware (ROM, PROM, EPROM, EEPROM ou FLASH, por exemplo) que não podem ser dinamicamente escritos ou modificados durante a execução.

Fonte Confiável de Tempo (FCT) – É a denominação dada ao Relógio Atômico localizado no Observatório Nacional.

Fronteira Criptográfica (Cryptographic Boundary) – A fronteira criptográfica é um perímetro explicitamente definido que estabelece os limites físicos de um módulo criptográfico.

G

Geração de Par de Chaves – Processo de criação de um par de chaves (chave privada e chave pública), sendo normalmente executado na solicitação de um certificado digital.

Gerador de Números Aleatórios – Vide *RNG*.

Gerador de Números Pseudoaleatórios – Vide *PRNG*.

Gerenciamento de Certificado – É a forma como uma AC, baseada em suas DPC, PC e PS, atua na emissão, renovação e revogação de certificados, bem como na emissão e publicação da sua LCR.

Gerenciamento de Risco – Processo que visa a proteção dos ativos das entidades integrantes da ICPBrasil, por meio da eliminação, redução ou transferência dos riscos, conforme seja econômica e estrategicamente mais viável.

H

Hacker – Pessoa que tenta acessar sistemas sem autorização, usando técnicas próprias ou não, no intuito de ter acesso a determinado ambiente para proveito próprio ou de terceiros.

Handle – i. Um dispositivo, unido a um objeto, que seja anexado para mover ou usar o objeto. ii. um tipo do ponteiro inteligente, uma referência a uma posição na memória de computador.

Hardware – i. Conjunto dos componentes físicos necessários à operação de um sistema computacional. ii. Equipamento mecânico e eletrônico, combinado com *software* (programas, instruções, etc.) na implementação de um sistema de processamento de informações eletrônicas.

Hardware Secure Module (HSM) – É um dispositivo baseado em *hardware* que gera, guarda e protege chaves criptográficas, além de ter a capacidade de executar operações criptográficas, como assinatura digital.

Hash – É o resultado da ação de algoritmos que fazem o mapeamento de uma sequência de bits de tamanho arbitrário para uma sequência de bits de tamanho fixo menor conhecido como resultado *hash* de forma que seja muito difícil encontrar duas mensagens produzindo o mesmo resultado *hash* (resistência à colisão) e que o processo reverso também não seja realizável (dado um *hash*, não é possível recuperar a mensagem que o gerou).

Hibernação – Um modo de *"powersaving"* que conserva a bateria do computador, mas permite uma reativação mais rápida da operação do que desligando o computador e então voltando a ligá-lo. Quando o modo de hibernação é ativado, todas as aplicações atuais que estão na memória estão conservadas no disco e o computador é desligado. Ao retomar a operação, pressionando uma tecla ou clicando o *mouse*, as aplicações são lidas do disco e voltam ao mesmo estado anterior.

Hierarquia do Certificado – Uma estrutura de certificados digitais que permite a indivíduos verificarem a validade de um certificado. O certificado é emitido e assinado por uma Autoridade Certificadora que está numa posição superior na hierarquia dos certificados. A validade de um certificado específico é determinada, entre outras coisas, pela validade correspondente ao certificado da AC que fez a assinatura.

Homologação – Processo que consiste no conjunto de atos, realizados de acordo com um Regulamento e com as demais normas editadas ou adotadas pela ICPBrasil, que, se plenamente atendido, resultará na expedição de ato pelo qual, na forma e nas hipóteses previstas, a entidade responsável pela condução do referido processo reconhecerá o laudo de conformidade.

HSM *(Hardware Security Modules)* – Vide Módulo de Segurança Criptográfica.

I

IDEA – (International Data Encryption Algorithm) – Algoritmo criado em 1991 por James Massey e Xuejia Lai e possui patente da suíça ASCOM Systec. O algoritmo é estruturado seguindo as mesmas linhas gerais do DES. Mas, na maioria dos microprocessadores, uma implementação por software do IDEA é mais rápida do que uma implementação por software do DES. O IDEA é o programa para criptografia de email pessoal mais disseminado no mundo. Seu tamanho de chave é de 128 bits.

Identificação – Vide Autenticação.

Identificador de Registro – Valor associado a um registro que pode ser usado para referenciar aquele registro. Diversos registros poderiam ter o mesmo identificador dentro de um EF [ISO/IEC 78164].

Importação de Certificado Digital – É a atividade de copiar um Certificado Digital a partir de um disquete, CD, *smart card*, para um computador ou hardware, permitindo a sua instalação e uso posterior, por exemplo, para assinatura digital de *emails*.

Importação de Chaves Criptográficas – Processo de inserção de chave criptográfica no módulo criptográfico. A importação pode ser realizada de forma manual ou automática.

Importação de Chaves Criptográficas de forma Automática – Processo de inserção de chave criptográfica de um módulo criptográfico que utiliza uma mídia eletrônica ou meio de comunicação eletrônico.

Importação de Chaves Criptográficas de forma Manual – Processo de inserção de chave criptográfica de um módulo criptográfico que utiliza métodos manuais. Ex: digitação em um teclado, por uma entidade usuária externa, do valor da chave.

GLOSSÁRIO

Incerteza – Dispersão dos valores que podem ser atribuídos a um mensurando, como resultado de uma sincronização.

Incidente de Segurança – É qualquer evento ou ocorrência que promova uma ou mais ações que comprometa ou que seja uma ameaça à integridade, autenticidade, ou disponibilidade de qualquer ativo das entidades integrantes da ICPBrasil.

Infraestrutura de Chaves Públicas Brasileira (ICPBrasil) – É um conjunto de técnicas, arquitetura, organização, práticas e procedimentos, implementados pelas organizações governamentais e privadas brasileiras que suportam, em conjunto, a implementação e a operação de um sistema de certificação. Tem como objetivo estabelecer os fundamentos técnicos e metodológicos de um sistema de certificação digital baseado em criptografia de chave pública, para garantir a autenticidade, a integridade e a validade jurídica de documentos em forma eletrônica, das aplicações de suporte e das aplicações habilitadas que utilizem certificados digitais, bem como a realização de transações eletrônicas seguras. A ICPBrasil foi criada pela Medida Provisória nº 2.200-2, de 24.8.2001, convertida na Lei nº 10.276/2001, e está regulamentada pelas Resoluções do Comitê Gestor da ICPBrasil, disponíveis no sítio www.iti.gov.br.

Instituto Nacional de Tecnologia da Informação (ITI) – É uma autarquia federal vinculada à Casa Civil da Presidência da República, é a Autoridade Certificadora Raiz da ICPBrasil. É a primeira autoridade da cadeia de certificação, executora das Políticas de Certificados e normas técnicas e operacionais aprovadas pelo Comitê Gestor da ICPBrasil.

Integridade – Garantia oferecida ao usuário de que documento eletrônico, mensagem ou conjunto de dados não foi alterada, nem intencionalmente, nem acidentalmente por pessoas não autorizadas durante sua transferência entre sistemas ou computadores.

Interface – Representa um ponto lógico de entrada e saída de dados, que provê acesso aos serviços disponíveis pelos softwares.

Intimação – Ato pelo qual se dá conhecimento do procedimento de fiscalização para que a entidade fiscalizada faça ou deixe de fazer alguma coisa.

Irretratabilidade – Consiste basicamente em um mecanismo para garantir que o emissor da mensagem ou participante de um processo não negue posteriormente a autoria.

ISO (International Standards Organization) – É a organização que cria padrões internacionais para diversas áreas, incluindo computadores. Congrega em torno de 90 países.

ITU (International Telecommunication Union) – É uma organização internacional que faz parte do Sistema das Nações Unidas. Responsável pelo estabelecimento de normas e padrões em telecomunicações e seus serviços.

K

Key Containers – Uma parte do *key database* (banco de dados que contém as chaves criptográficas para um *CSP* específico) que contém todos os pares de chaves (pares de chaves para troca e assinatura) que pertencem a um usuário específico. Cada recipiente tem um nome único que é usado ao chamar funções de contexto para obter um *handle* ao *container*.

Key Zeroization – Um método de apagar chaves criptográficas armazenadas eletronicamente, alterando ou suprimindo os índices de armazenamento das chaves para impedir a recuperação das informações.

L

Laboratório de Ensaio e Auditoria (LEA) – São entidades, formalmente vinculadas ao ITI, aptas a realizar os ensaios exigidos nas avaliações de conformidade e a emitir os correspondentes laudos de conformidade, na forma prevista na resolução nº 36 do CG da ICPBrasil, que embasarão a tomada de decisão por parte do ITI quanto à homologação ou não de um dado sistema ou equipamento avaliado.

Laudo de Conformidade – Documento emitido ao final da avaliação de conformidade, na forma prevista na resolução nº 36 do CG da ICPBrasil, que atestará se um dado sistema ou equipamento, devidamente identificado, está ou não em conformidade com as normas editadas ou adotadas pela ICPBrasil.

Leap Second – Segundo adicionado ao UTC para compensar o atraso da rotação da Terra e manter o UTC em sincronismo com o tempo solar.

Leitora de Cartão Inteligente – Hardware instalado no computador, utilizando de interface serial ou usb, que serve para efetuar leituras de *smart cards*.

Lista de Certificados Revogados (LCR) – Lista assinada digitalmente por uma Autoridade Certificadora, publicada periodicamente, contendo certificados que foram revogados antes de suas respectivas datas de expiração. A lista, geralmente, indica o nome de quem a emite, a data de emissão e a data da próxima emissão programada, além dos números de série dos certificados revogados e a data da revogação.

Lista de Controle de Acesso – Lista de indivíduos ou entidades com permissão de acesso a certas áreas específicas de um servidor, rede, aplicação de internet ou instalações físicas.

Log – Conjunto de registros que lista as atividades realizadas por uma máquina ou usuário específico. Um único registro é conhecido como 'registro de log'. Em termos de segurança, os *logs* são usados para identificar e investigar as atividades suspeitas e estudar as tentativas (ou os sucessos) dos ataques, para conhecimento dos mecanismos usados e aprimoramento do nível de eficiência da segurança.

Login – É o processo de identificação e autenticação ao qual o usuário é submetido antes de integrar ao sistema, software ou aplicativo.

Logoff – É o processo de encerramento da sessão de trabalho pelo usuário.

M

MAC (*Message Authentication Code*) – É uma pequena parte de informação usada para autenticar uma mensagem. Um algoritmo MAC aceita como entrada uma chave secreta e uma mensagem de comprimento indefinido para ser autenticado e envia como saída um MAC (conhecido às vezes como *tag*). O valor do MAC protege a integridade de uma mensagem assim como sua autenticidade, permitindo que os verificadores (quem possuem também a chave secreta) detectem todas as mudanças no conteúdo da mensagem.

MD5 (*Message Digest 5*) – É uma função de *hash* espalhamento unidirecional inventada por Ron Rivest. Este algoritmo produz um valor *hash* de 128 bits, para uma mensagem de entrada de tamanho arbitrário. Foi inicialmente proposto em 1991, após alguns ataques de criptoanálise terem sido descobertos contra a função *hashing* prévia: a MD4. O algoritmo foi projetado para ser rápido, simples e seguro. Seus detalhes são públicos e têm sido analisados pela comunidade de criptografia. Foi descoberta uma fraqueza em parte do MD5, mas até agora ela não afetou a segurança global do algoritmo. Entretanto, o fato dele produzir um valor *hash* de somente 128 bits é o que causa maior preocupação.

Glossário

Mídia – Base física (*hardware*) ou lógica (*software*) sobre a qual a informação é registrada, podendo ser exportada para outra mídia ou permanecer armazenada nela própria.

Mídia Armazenadora – Vide Mídia.

MIME (Multipurpose Internet Mail Extensions) – É um padrão da internet que estende o formato de *email* para suportar: texto em conjunto de caracteres além do tipo *USASCII*; anexos do tipo *nãotexto*; corpos de mensagem do tipo *multipart* e informação de cabeçalho em conjunto de caracteres do tipo *nãoASCII*. Os tipos de conteúdo definidos por padrões MIME são também de importância além do *email*, como em protocolos de comunicação como o HTTP para a internet.

Mitigação – Os esforços da mitigação tentam impedir que perigos se tornem desastres completamente, ou reduzem os efeitos dos desastres quando ocorrem. A mitigação focaliza em medidas a longo prazo para se reduzir ou eliminar riscos. A implementação de estratégias de mitigação pode ser considerada uma parte do processo da recuperação se aplicado após a ocorrência de um desastre.

Módulo Criptográfico – Software ou hardware que fornece serviços criptográficos, como cifração, decifração, geração de chaves, geração de números aleatórios.

Módulo Criptográfico monoCI – Módulo criptográfico com um único circuito integrado protegido por um invólucro.

Módulo Criptográfico multiCI – Módulo criptográfico com vários circuitos integrados protegidos por um invólucro.

Módulo Criptográfico multiaplicação – Faz referência a um módulo criptográfico que suporta mais que uma aplicação. Exemplo: módulo criptográfico contendo aplicação ICP e aplicação EMV.

Módulo de Segurança Criptográfica (MSC) – É um *hardware* com capacidade de processamento, que gera chaves criptográficas e assina documentos, sendo usado para assinar os certificados digitais em Autoridades Certificadoras, oferecendo grande velocidade e segurança.

Multithreaded – Característica dos sistemas operativos modernos que permite repartir a utilização do processador entre várias tarefas simultaneamente.

N

Nãorepúdio – NãoRepúdio, ou não recusa, é a garantia que o emissor de uma mensagem ou a pessoa que executou determinada transação de forma eletrônica, não poderá posteriormente negar sua autoria, visto que somente aquela chave privada poderia ter gerado aquela assinatura digital. Deste modo, a menos de um uso indevido do certificado digital, fato que não exime de responsabilidade, o autor não pode negar a autoria da transação. Transações digitais estão sujeitas a fraude, quando sistemas de computador são acessados indevidamente ou infectados por cavalos-de-troia ou vírus. Assim os participantes podem, potencialmente, alegar fraude para repudiar uma transação.

Navegador de Internet ou *Browser* – Aplicativo utilizado para visualizar arquivos HTML, VRML, textos, arquivos de áudio, animação, videoclipes e/ou correio eletrônico pela internet. Entre os principais navegadores disponíveis no mercado estão: Microsoft Internet Explorer, Netscape Navigator, Opera, Mozilla, etc.

NBR (Norma Brasileira Regulamentadora) – É a sigla de Norma Brasileira aprovada pela ABNT, de caráter voluntário e fundamental no consenso de um grupo de representantes da comunidade científica. Suas disposições abrangem diversos temas e são obrigatórias quando em condições estabelecidas pelo poder público competente.

Negociação de Chaves (Key Agreement) – Processo ou protocolo que possibilita atribuir uma chave criptográfica simétrica compartilhada aos parceiros legítimos em função de valores secretos escolhidos por cada um dos parceiros, de forma que nenhuma outra entidade possa determinar o valor da chave criptográfica. Exemplo clássico de negociação de chaves é o algoritmo *DiffieHellman*.

Nobreaks – Equipamento que tem como função suprir a energia de um circuito, por um tempo determinado, na ausência da fonte de energia principal da rede elétrica.

Nome Significativo – É aquele que possibilita determinar a identidade da pessoa ou organização a que se refere.

Número de Série do Certificado – Um valor que identifica de forma unívoca um certificado emitido por uma Autoridade Certificadora.

Número de Identificação Pessoal (Personal Identification Number PIN) – Código alfanumérico ou senha usada para autenticar uma identidade.

Número de Registro – No contexto do sistema de arquivos de cartões inteligentes, representa um número sequencial atribuído a cada registro, que serve para identificar unicamente o registro dentro de seu EF [ISO/IEC 78164].

O

Object Identifier (OID) – Um OID – *Object Identifier* é um número único que identifica uma classe de objetos ou um atributo em um diretório ou combinação de diretórios. OIDs são definidos por entidades emissoras e formam uma hierarquia. Um OID é representado por um conjunto de números decimais separados por pontos (ex.: 1.2.3.4). OIDs são usados extensivamente em certificados de formato X.509, como por exemplo, para designar algoritmos criptográficos empregados, políticas de certificação e campos de extensão. Praticamente toda implementação de ICP usando este formato requer o registro de novos OIDs, em particular uma que designe a política de certificação que estabelece seu regime regulatório básico. É crucial que os OIDs sejam obtidos dos legítimos responsáveis pelos arcos, para se evitar incompatibilidades e colisões. Nos certificados da ICPBrasil os OIDs utilizados para identificar as Políticas de Certificados e Declaração de Práticas de Certificação das Autoridades Certificadoras são atribuídos pelo ITI, durante o processo de auditoria da AC e obedecem a seguinte lógica: 2.16.76.1.1.n – OID para Declarações de Práticas de Certificação 2.16.76.1.2.n – OID para Políticas de Certificados 2.16.76.1.3.n e 2.16.76.1.4.n – OID usados para permitir a inclusão no certificado de outros dados de pessoas físicas e jurídicas, como CNPJ, CPF, título de eleitor, categoria profissional etc.

Objeto de Dado – No contexto do padrão ISO/IEC 78164 para cartões inteligentes, um objeto de dado consiste em um conjunto de caracteres (*tag*), um comprimento e um valor (um elemento de dado, por exemplo). Nesta parte do padrão ISO/IEC 7816, objetos de dados são referenciados como BERTLV, COMPACTTLV e SIMPLETLV [ISO/IEC 78164].

Observatório Nacional (ON) – Vinculado ao Ministério da Ciência e Tecnologia, integrante do Sistema Nacional de Metrologia – Sinmetro, o ON é o responsável legal pela geração, conservação e disseminação da Hora Legal Brasileira, com rastreabilidade metrológica ao BIPM. Mantém e opera o Relógio Atômico, que é a Fonte Confiável do Tempo (FCT), a partir da qual se determina a Hora Legal Brasileira.

Octeto – Conjunto de 8 bits compreendendo um *byte*.

OCSP (Online Certificate Status Protocol) – O Protocolo *Online* para verificação de Estado de Certificados, OCSP é um dos dois esquemas comuns para verificar se um certificado digital não se encontra revogado. O outro método é a LCR (ver LCR).

GLOSSÁRIO

Através do OCSP, qualquer aplicação pode fazer consultas a um serviço que checa, diretamente no Banco de Dados da Autoridade Certificadora, o status de um determinado certificado. As respostas emitidas por este serviço são individuais (uma para cada certificado) e são assinadas digitalmente, a fim de garantir sua confiabilidade. Dessa maneira, a lacuna entre o momento da revogação e a emissão da próxima LCR deixa de existir, já que, uma vez que seja marcado como revogado no banco de dados da AC, a próxima resposta OCSP já apresentará este status, eliminando a possibilidade de um acesso não autorizado desta natureza.

OffLine – Fora de linha, desligado. Quando não existe nenhum contato do computador com uma rede.

Oficial de Segurança – Papel de acesso que quando assumido por uma entidade usuária externa permite realizar serviços relacionados à iniciação do sistema de arquivos do módulo, gerenciamento do módulo, reinicialização do módulo, sobrescrita do valor de chaves criptográficas (*key zeroization*) e destruição do módulo.

OnLine – Significa "estar em linha", estar ligado em determinado momento à rede ou a um outro computador.

Operação Criptográfica – Operação que manipula uma chave criptográfica.

Operador – Um indivíduo ou processo que realiza operações no módulo criptográfico.

OpenSSL – É uma implementação de código aberto dos protocolos SSL e TLS. A biblioteca (escrita na linguagem C) implementa as funções básicas de criptografia e disponibiliza várias funções utilitárias. O *OpenSSL* está disponível para a maioria dos sistemas do tipo Unix, incluindo Linux, Mac OS X e para as quatro versões do BSD de código aberto e também para o *Microsoft Windows*.

P

Par de Chaves – Chaves privada e pública de um sistema criptográfico assimétrico. A chave privada e sua chave pública são matematicamente relacionadas e possuem certas propriedades, entre elas a de que é impossível a dedução da chave privada a partir da chave pública conhecida. A chave pública pode ser usada para verificação de uma assinatura digital que a chave privada correspondente tenha criado ou a chave privada pode decifrar a uma mensagem cifrada a partir da sua correspondente chave pública. A chave privada deve ser de conhecimento exclusivo do titular do certificado.

Parâmetros Críticos de Segurança (PCS) – Representam informações sensíveis e relacionadas à segurança, tais como, chaves criptográficas assimétricas privadas, chaves simétricas de caráter secreto, chaves de sessão e dados de autenticação (senhas e PIN, por exemplo), cuja leitura ou modificação podem comprometer a segurança de um módulo criptográfico.

PEM (Privacy Enhanced Mail) – É um padrão da internet que fornece troca segura no correio eletrônico. O PEM emprega um conjunto de técnicas de criptografia para permitir a confidencialidade, a autenticação do remetente e a integridade da mensagem. Os aspectos da integridade da mensagem permitem que o usuário assegure de que uma mensagem não seja modificada durante o transporte do remetente. A autenticação do remetente permite que um usuário verifique que a mensagem PEM que receberam é verdadeira da pessoa que reivindica te-la emitido. A característica da confidencialidade permite que uma mensagem seja mantida secreta das pessoas a quem a mensagem não foi dirigida.

PI (Parte Interessada) – É a parte interessada (empresa) que deseja fazer a homologação junto ao LSITECLEA.

PIN (Personal Identification Number) – É uma sequência de números e/ou letras (senha) usadas para liberar o acesso à chave privada, ou outros dados armazenados na mídia, somente para pessoas autorizadas.

PKCS (Public Key Cryptographic Standard) – Padrões de criptografia de chave pública. São especificações produzidas pelos Laboratórios RSA em cooperação com desenvolvedores de sistemas seguros de todo o mundo com a finalidade de acelerar a distribuição da criptografia de chave pública.

PKCS#1 – Especificação de padrão de dados para o protocolo RSA, incluindo o padrão para criptografia e assinatura digital RSA e o padrão para estocagem de chaves públicas e privadas.

PKCS#5 – Especificação de um padrão para derivação de chaves e mecanismos de cifração baseado em senhas. Descreve um método para cifrar um vetor de bytes utilizando uma chave secreta calculada a partir de uma senha (*PasswordBased Encryption* ou PBE). É destinado à proteção de chaves privadas em situações que exijam a sua transferência. Isto pode ser necessário, por exemplo, quando as chaves são geradas pela CA e não pelo usuário; ou quando o usuário necessita transferir a chave para outra máquina. A cifragem utilizada está baseada no DES.

PKCS#10 – Especificação de um padrão para codificar requisições de certificados, incluindo o nome da pessoa que requisita o certificado e sua chave pública.

PKCS#7 (CMS) – O padrão CMS descreve uma sintaxe genérica para dados que podem ser submetidos a funções criptográficas, tais como assinatura e envelopagem digital. Permite recursividade, com aninhamento de envelopes e *wrappers*. Permite também a associação de atributos arbitrários, como por exemplo, selo temporal ou contra-assinatura, à mensagem no processo de autenticação por assinatura. Casos particulares oferecem meios de disseminação de certificados e CRLs. O padrão CMS pode dar suporte a uma variedade de arquiteturas de gerenciamento de chaves baseadas em ICP, como aquela proposta para o padrão PEM na RFC 1422. Entretanto, topologias, modelos de confiança e políticas de certificação para ICPs estão fora do seu escopo. Valores produzidos pelo padrão estão destinados à codificação DER, ou seja, para transmissão e armazenagem na forma de cadeias de octetos de comprimento não necessariamente conhecidos de antemão. Na ICPBrasil, é largamente utilizado na assinatura digital.

PKCS#8 – Especificação de um padrão para chaves privadas: o valor da chave, o algoritmo correspondente e um conjunto de atributos associados. Define também em uma sintaxe para chaves cifradas recorrendo às técnicas PBE definidas no PKCS#5.

PKCS#11 – Este padrão descreve a interface de programação chamada *"Cryptoki"* utilizada para operações criptográficas em hardwares: *tokens, smart cards*. É comum utilizar o PKCS#11 para prover o suporte aos *tokens* como as aplicações de SSL e S/MIME.

PKCS#12 Descreve uma sintaxe para a transferência de informação de identificação pessoal, incluindo chaves privadas, certificados, chaves secretas e extensões. É uma norma muito útil uma vez que é utilizada por diversas aplicações (ex. IE e Mozilla) para importar e exportar este tipo de informação. Suporta a transferência de informação pessoal em diferentes condições de manutenção da privacidade e integridade. O grau de segurança mais elevado prevê a utilização de assinaturas digitais e cifras assimétricas para proteção da informação.

PKI (Public Key Infrastructure) – Infraestrutura de chaves públicas. A ICPBrasil é um exemplo de PKI.

Plano de Auditoria – Roteiro que descreve, pelo menos, como a auditoria pretende proceder à verificação da Política de Certificação, PC, da Declaração de Práticas de Certificação, DPC e da Política de Segurança, PS e recomendar providências quanto às observações levantadas.

GLOSSÁRIO

Plano de Contingência – É um plano para situações de emergência, que visa a garantir a disponibilidade dos recursos e serviços críticos e facilitar a continuidade de operações de uma organização. Deve ser regularmente atualizado e testado, para ter eficácia caso necessária sua utilização. Sinônimo de plano de desastre e plano de emergência.

Plano de Continuidade de Negócios – Plano cujo objetivo é manter em funcionamento os serviços e processos críticos das entidades integrantes da ICPBrasil, na eventualidade da ocorrência de desastres, atentados, falhas e intempéries.

Plano de Desenvolvimento e Implantação dos Trabalhos de Auditoria – Plano elaborado pela Empresa de Auditoria Independente, que especifica de maneira clara e objetiva cada etapa do trabalho, procedimentos e técnicas a serem adotadas em cada atividade, prazo de execução e pontos de homologação, bem como tabelas indicativas do número de horas de auditoria e o número de auditores a serem alocados nos serviços que serão realizados em entidades da ICPBrasil.

Plano de Recuperação de Desastres – Conjunto de procedimentos alternativos, a serem adotados após um desastre, visando a reativação dos processos operacionais que tenham sido paralisados, total ou parcialmente, ainda que com alguma degradação.

Política de Carimbo de Tempo (PCT) – Conjunto de normas que indicam a aplicabilidade de um carimbo de tempo para uma determinada comunidade e/ou classe de aplicação com requisitos comuns de segurança.

Política de Certificação (PC) – Documento que descreve os requisitos, procedimentos e nível de segurança adotados para a emissão, revogação e gerenciamento do ciclo de vida de um Certificado Digital.

Política de Segurança (PS) – É um conjunto de diretrizes destinadas a definir a proteção adequada dos ativos produzidos pelos Sistemas de Informação das entidades.

Precisão – Ver Exatidão.

Prestador de Serviço de Certificação – As Autoridades Certificadoras, as Autoridades de Registro e os prestadores de serviço suporte credenciados junto à ICPBrasil.

Prestador de Serviços de Suporte – Aquele que desempenha as atividades descritas na PC, PCT, DPC ou DPCT da AC ou ACT responsável por esses documentos. São empresas contratadas por uma AC, ACT ou AR para realizar atividades de: disponibilização de infraestrutura física e lógica; disponibilização de recursos humanos especializados; disponibilização de infraestrutura física e lógica e de recursos humanos especializados.

Privacidade de Documentos Eletrônicos – Vide Confidencialidade de Documentos Eletrônicos.

PRNG (Pseudo Random Number Generator) – Um gerador de número pseudoaleatório é um algoritmo que gera uma sequência de números, os quais são aproximadamente independentes um dos outros. A saída da maioria dos geradores de números aleatórios não é verdadeiramente aleatória; ela somente aproxima algumas das propriedades dos números aleatórios. Enquanto números verdadeiramente aleatórios podem ser gerados usando hardware para geração de número aleatório, número pseudo aleatórios são uma parte crítica da computação moderna, da criptografia até o método de *Monte Carlo* passando por sistemas de simulação. Uma cuidadosa análise matemática é necessária para assegurar que a geração dos números seja suficientemente "aleatória".

Procedimento de Fiscalização – As ações que objetivam a verificação do cumprimento das normas que regem a ICPBrasil por parte das entidades credenciadas.

Protocolo – Uma descrição das regras que dois computadores devem obedecer ao estabelecer uma comunicação. Um conjunto de regras padronizadas que especifica o formato, a sincronização, o sequenciamento, a transmissão de dados, incluindo inicialização, verificação, coleta de dados, endereçamento e verificação e correção de erros em comunicação de dados.

PSC (Provedor de Serviços Criptográficos) – Vide *CSP (Cryptographic Service Provider)*.

Proxy – É um servidor que age como um intermediário entre uma estação de trabalho e a internet para segurança, controle administrativo e serviço de *cache*. Um servidor (programa) *proxy* (ou com capacidades de *proxy*) recebe pedidos de computadores ligados à sua rede e, caso necessário, efetua esses mesmos pedidos ao exterior dessa rede, usando como identificação o seu próprio número IP e não o número IP do computador que requisitou o serviço. Útil quando não se dispõe de números IP registrados numa rede interna ou por questões de segurança.

PUK (Personal Identification Number Umblocking Key) – É uma chave para desbloqueio do número de identificação pessoal (PIN), o qual normalmente fica bloqueado após várias tentativas inválidas. Como o PIN, a senha PUK deve ser guardada de forma segura, pois ambas permitem, em dispositivos como *tokens* e *smart cards*, o acesso à chave privada de um titular de certificado.

R

Raiz (AC Raiz) – Brasileira (ICPBrasil) cujo certificado é autoassinado, podendo ser verificado através de mecanismos e procedimentos específicos, sem vínculos com este. Executora das políticas de certificados e normas técnicas e operacionais aprovadas pelo Comitê Gestor da ICPBrasil. Compete-lhe emitir, expedir, distribuir, revogar e gerenciar os certificados das AC de nível imediatamente subsequente ao seu; gerenciar a lista de certificados emitidos, revogados e vencidos e executar atividades de fiscalização e auditoria das AC, das AR e dos PSS habilitados na ICP-Brasil, em conformidade com as diretrizes e normas técnicas estabelecidas pelo CG da ICPBrasil e exercer outras atribuições que lhe forem cometidas pela autoridade gestora de políticas – Vide Autoridade Certificadora.

Rastreabilidade – Relacionamento do resultado de uma medição de sincronismo com um valor de referência previamente estabelecido como padrão. A rastreabilidade se evidencia por intermédio de uma sequência contínua de medidas, devidamente registradas e armazenadas e permite a verificação, direta ou indireta, do relacionamento entre o tempo informado e a fonte confiável de tempo.

Recuperação de Chave – Processo no qual uma chave privada pode ser recuperada, a partir de dados armazenados por uma empresa ou órgão governamental. Na ICPBrasil é proibida a recuperação de chaves privadas, isto é, não se permite que terceiros possam legalmente obter uma chave privada sem o consentimento de seu titular.

Rede – Um grupo de computadores interconectados, controlados individualmente, junto com o hardware e o software usado para conectá-los. Uma rede permite que usuários compartilhem dados e dispositivos periféricos como impressoras e mídia de armazenamento, troquem informações por meio do correio eletrônico e assim por diante.

Rede de Sincronismo Autenticado (ReTemp/HLB) – Rede criada e mantida pelo Observatório Nacional, que permite a rastreabilidade e a autenticação do tempo, nos equipamentos que a compõem, em relação à Hora Legal Brasileira e à UTC.

Rede Local – Um grupo de computadores conectados com a finalidade de compartilhar recursos. Os computadores em uma rede local são normalmente ligados por um único cabo de transmissão e localizados dentro de uma pequena área, como um único prédio ou seção de um prédio.

GLOSSÁRIO

Redundância – i. Componentes de um sistema de computador que são instalados para fazer *backup*. Utilizados para garantir a operação ininterrupta de um sistema em caso de falha. ii. Diz-se de um segundo dispositivo que esteja imediatamente disponível para uso quando de uma falha de um dispositivo primário de um sistema de computador.

Registro – Cadeia de octetos que pode ser manuseada como um todo pelo cartão inteligente e referenciada por um número de registro ou por um identificador de registro [ISO/IEC 78164].

Relatório de Auditoria – Documento que traduz a forma como foi desenvolvido o trabalho de auditoria e que exprime de forma clara, concisa e exata, uma opinião sobre os resultados a que o auditor chegou, devendo conter, sempre que for caso, as alegações, as respostas ou as observações dos responsáveis e, ainda, conclusões e recomendações.

Relatório de Fiscalização – Documento pelo qual o servidor responsável pela fiscalização descreve o que constatou na entidade fiscalizada.

Relying Party – Vide Terceira Parte.

RNG (Random Number Generator) – Quando um número aleatório é gerado por um programa, este número não é exatamente aleatório (por isto que números aleatórios gerados por programas são mais corretamente classificados como pseudoaleatórios). Portanto, em sistemas onde são geradas chaves criptográficas importantes, é necessário existir um circuito chamado *Random Number Generator* (RNG) que garanta que os números gerados são realmente ao acaso e não baseados no relógio de tempo real do computador.

Realimentação de Dados de Autenticação *(Echo)* – Exibição visível de caracteres no momento da inserção de uma senha.

Renovação de Certificados – É o processo para obter um certificado novo antes que o certificado existente tenha expirado. Na ICPBrasil, é obrigatória a geração de novas chaves criptográficas para cada certificado emitido.

Repositório – É um sistema confiável e acessível *online,* mantido por uma Autoridade Certificadora, para publicar sua Declaração de Práticas de Certificação (DPC), Políticas de Certificado (PC), Política de Segurança (PS), Lista de Certificados Revogados (LCR) e endereços das instalações técnicas das AR vinculadas.

Resolução (*Resolution*) – Menor diferença entre indicações de um dispositivo mostrador que pode ser significativamente percebida. A resolução de um relógio é o menor incremento de tempo que o mesmo pode indicar.

Retardo (*Delay*) – Tempo de propagação na internet entre o SCT e o SAS.

Revogação de Certificados – Encerramento da validade de um certificado digital antes do prazo previsto. Pode ocorrer por iniciativa do usuário, da Autoridade de Registro, da Autoridade Certificadora ou da Autoridade Certificadora Raiz.

RFC (*Request for Comments*) – Os RFC são documentos técnicos ou informativos que discutem os mais diversos aspectos relacionados à internet. Os assuntos variam desde especificações, padrões e normas técnicas até questões históricas acerca da rede mundial de computadores. Os RFC são documentos públicos, qualquer pessoa tem acesso a eles, podendo ler, comentar, enviar sugestões e relatar experiências sobre o assunto. Pode-se pesquisar os RFC no *site*: http://www.faqs.org/rfcs.

Risco ou Ameaça – i. É a probabilidade da concretização de um evento que possa causar perdas significativas pela ocorrência de danos que atingem um ou mais ativos da organização. ii. É um fator externo que pode vir a atacar um ativo causando um desastre ou perda significativa.

Roteador – Sistema computacional que usa uma ou mais métricas para determinar o caminho otimizado pelo qual o tráfego da rede deve ser encaminhado – por meio de seus endereços – de uma rede local ou remota para outra.

Roteamento – Processo de seleção de rotas para uma mensagem.

RSA (Rivest Shamir and Adleman) – O RSA é um algoritmo assimétrico que possui esse nome devido a seus inventores: Ron Rivest, Adi Shamir e Len Adleman, que o criaram em 1977 no MIT. É, atualmente, o algoritmo de chave pública mais amplamente utilizado, sendo capaz de fornecer assinaturas digitais e cifrar textos.

S

Salacofre – Área de Segurança restrita, formada por cofre com proteção eletromagnética, física e contra fogo, afim de proteger as chaves privativas que assinam os Certificados Digitais.

Secure Messaging (Transferência Segura de Mensagens por Meios Eletrônicos) – Qualquer método de entrega de uma mensagem segura, incluindo *TLS* (segurança da camada de transporte), SMTP sobre SSL e HTTPS.

Segundo de Transição *(leap second)* – Ajuste ao UTC por meio da subtração ou adição de um segundo no último segundo de um mês do UTC. A primeira escolha é o fim de dezembro e de junho e a segunda escolha é o fim de março e de setembro.

Segurança Física – O principal objetivo da implantação de controles de segurança física é restringir o acesso às áreas críticas da organização, prevenindo os acessos não autorizados que podem acarretar danos a equipamentos, acessos indevidos à informação, roubos de equipamentos, entre outros. Os controles de acesso físico devem ser implementados em conjunto com os controles de acesso lógico. A falta de implementação desses dois controles em conjunto, seria o mesmo que restringir o acesso às informações através de senhas, mas deixar os servidores desprotegidos fisicamente, vulneráveis a roubo, por exemplo.

Selo Cronológico Digital – Serviço que registra, no mínimo, a data e a hora correta de um ato, além da identidade da pessoa ou equipamento que enviou ou recebeu o selo cronológico. O Selo Cronológico Digital cria uma confirmação assinada digitalmente e à prova de fraude sobre a existência de uma transação ou documento específico.

Selo de Homologação – Selo conferido aos sistemas e equipamentos homologados pelo ITI.

Semente (de Chave Criptográfica) – Um valor secreto usado para inicializar uma função ou uma operação criptográfica.

Senha – Um conjunto de caracteres, conhecidos apenas pelo usuário, que fornecem acesso ao arquivo, computador ou programa. Senhas são geralmente usadas em conjunto com o nome do usuário que o autentica e o garante autorização ao acesso.

Senha Forte – Inverso de Senha Fraca ou Óbvia.

Senha Fraca ou Óbvia – É aquela onde se utilizam caracteres de fácil associação com o dono da senha, ou que seja muito simples ou pequena, tal como: datas de aniversário, casamento, nascimento, o próprio nome, o nome de familiares, sequências numéricas simples, palavras com significado, dentre outras.

Serviço Criptográfico ICP (ou Aplicação ICP) – Aplicação de infraestrutura de chaves públicas contextualizada para o âmbito da ICPBrasil.

Servidor de Aplicativos – Sistema que realiza a interface entre o subscritor e o SCT. Encaminha as solicitações de carimbo de tempo ao SCT e em seguida devolve ao subscritor os carimbos de tempo ou mensagens de erro recebidos em resposta.

Servidor de Autenticação e Sincronismo (SAS) – Dispositivo constituído por *hardware* e *software* que audita e sincroniza SAS ou SCT. Deve possuir um HSM com relógio para sincronização e capacidade de processamento criptográfico para geração de chaves criptográficas e realização de assinaturas digitais.

GLOSSÁRIO

Servidor de Carimbo de Tempo (SCT) – Dispositivo único constituído por *hardware* e *software* que gera os carimbos de tempo, sob o gerenciamento da ACT. Deve possuir um HSM contendo um relógio a partir do qual são emitidos os carimbos do tempo. Nesse HSM devem ser também realizadas as funções criptográficas de geração de chaves e assinaturas digitais.

SHA1 (*Secure Hash Algorithm)* – O *Secure Hash Algorithm*, uma função de espalhamento unidirecional inventada pela NSA, gera um valor *hash* de 160 bits, a partir de um tamanho arbitrário de mensagem.

SHA224, SHA256, SHA384 e SHA512 (SHA2 Family Secure Hash Algorithm) – O NIST publicou quatro funções adicionais da família *SHA*, cada uma com valores *hash* maiores, conhecidos coletivamente como *SHA2*. As variantes individuais são nomeadas, através de seus comprimentos de *hash* (em *bits*): SHA224, SHA256, SHA384, e SHA512. O SHA224 foi definido para combinar o comprimento da chave com duas chaves TripleDES. SHA256 e SHA512 são funções de *hash* computadas com palavras de 32 bits e 64 bits respectivamente. Usam quantidades diferentes de deslocamento e constantes adicionais, mas suas estruturas são virtualmente idênticas, diferindo somente no número de voltas. SHA224 e SHA384 são simplesmente versões truncadas das duas primeiras, computadas com valores iniciais diferentes.

Sigilo – Condição na qual dados sensíveis são mantidos secretos e divulgados apenas para as partes autorizadas. Os titulares de certificados de assinatura digital emitidos pela AC são responsáveis pela geração, manutenção e pela garantia do sigilo de suas respectivas chaves privadas, bem como pela divulgação ou utilização indevidas dessas mesmas chaves.

Signatário – É a pessoa/entidade que cria uma assinatura digital para uma mensagem com a intenção de autenticá-la.

Signed Data – O tipo de conteúdo *signed data* consiste em um conteúdo de todos os tipos e zero ou mais valores de assinatura digital. Qualquer número de assinantes pode assinar em paralelo qualquer tipo de conteúdo. A aplicação típica do tipo de conteúdo *signed data* é representada por uma assinatura digital do assinador no conteúdo do tipo de conteúdo de dados. Uma outra aplicação típica disseminada são os certificados digitais e as listas da revogação do certificado (CRL).

Sincronização de Relógio – Processo pelo qual dois ou mais relógios passam a indicar o mesmo tempo.

Sistema de Autenticação e Sincronismo (SAS) – Dispositivo constituído por hardware e software que audita e sincroniza SAS ou SCT. Deve possuir um HSM com relógio para sincronização e capacidade de processamento criptográfico para geração de chaves criptográficas e realização de assinaturas digitais.

Servidor de Carimbo de Tempo (SCT) – Dispositivo único constituído por hardware e software que emite os carimbos de tempo, sob o gerenciamento da ACT. Deve possuir um HSM contendo um relógio a partir do qual são emitidos os carimbos do tempo. Nesse HSM devem ser também realizadas as funções criptográficas de geração de chaves e assinaturas digitais.

Sistema Criptográfico – Sistema composto de documentação normativa específica de criptografia aplicada na ICPBrasil, conjunto de requisitos de criptografia, projetos, métodos de implementação, módulos implementados de *hardware* e *software*, definições relativas a algoritmos criptográficos e demais algoritmos integrantes de um processo criptográfico, procedimentos adotados para gerência das chaves criptográficas, métodos adotados para testes de robustez das cifras e detecção de violações dessas.

Sistema de Certificação Digital – Todo e qualquer programa de computador, ainda que embarcado, que compõe meio necessário ou suficiente à realização de Certificação Digital.

Sistema de Detecção de Intruso (IDS) – Ferramentas de segurança que ajudam os administradores a evitarem danos na rede quando as outras proteções, tais como controle de acesso ou *firewalls*, não conseguem afastar os intrusos. Detecta tentativas ou ataques bem sucedidos nos recursos monitorados. Os recursos monitorados podem fazer parte de uma rede ou um sistema *host*.

Sistema de Pagamento Brasileiro (SPB) – Sistema responsável pela interação entre o Banco Central, o governo, as instituições financeiras, as empresas e até mesmo as pessoas físicas. Gerencia o processo de compensação e liquidação de pagamentos por meio eletrônico, ligando as Instituições Financeiras credenciadas ao Banco Central do Brasil. Utiliza certificados digitais da ICPBrasil para autenticar e verificar a identidade dos participantes em todas as operações realizadas.

Sistema Operacional – Programa principal que se dedica às tarefas de organização e controle das atividades do computador e seus periféricos.

Skew – Diferença de frequência entre dois relógios (primeira derivada do *offset* no tempo).

Slot – Em um *HSM (Hardware Security Module)*, um *slot* é um leitor lógico que pontencialmente contém um *token*.

Smart Card – i. É um tipo de cartão plástico semelhante a um cartão de crédito com um ou mais *microchips* embutidos, capaz de armazenar e processar dados. Um *smart card* pode ser programado para desempenhar inúmeras funções, inclusive pode ter capacidade de gerar chaves públicas e privadas e de armazenar certificados digitais. Pode ser utilizado tanto para controle de acesso lógico como para controle de acesso físico. ii. Um pequeno dispositivo, geralmente do tamanho de um cartão de crédito, que contém um processador e é capaz de armazenar informação criptográfica (como chaves e certificado) e realizar operações criptográficas.

S/MIME (Secure / Multipurpose Internet Mail Extensions) – *S/MIME* é um protocolo de segurança de *email*. Foi desenhado para prevenir a interceptação e falsificação de *email* usando cifração e assinatura digital. S/MIME constroi a segurança em cima do protocolo MIME e é baseado na tecnologia desenvolvida originalmente pela *RSA Data Security, Inc.*

SO – i. Sistema Operacional; ii. Em um *HSM (Hardware Security Module)*, é o *Security Officer*, é um usuário do dispositivo criptográfico com poderes de administrador do sistema.

Software – i. Programa de computador que utiliza uma sequência lógica de instruções que o computador é capaz de executar para obter um resultado específico. ii. Conjunto de programas e instruções que operam o computador. São dois os tipos de *software* de computador: *software* de sistema, o qual engloba operações básicas necessárias para operar o *hardware* (por exemplo, sistema operacional, utilitários de comunicação, monitores de performance, editores, compiladores etc.) e *software* aplicativo, o qual executa tarefas específicas para auxiliar os usuários em suas atividades. iii. Programas e componentes de dados que podem ser dinamicamente modificados durante a execução, usualmente armazenados em mídias regraváveis.

SSL (Secure Socket Layer) – Protocolo de segurança que provê privacidade na comunicação através da internet. O Protocolo permite que aplicativos cliente e servidor se comuniquem utilizando mecanismos criados para proteger o sigilo e a integridade do conteúdo que trafega pela internet. Desenvolvido pela Netscape para transmitir documentos privativos pela internet.

Subscritor – Pessoa física ou jurídica que solicita os serviços de uma Autoridade de Carimbo do Tempo (ACT), implícita ou explicitamente concordando com os termos mediante os quais o serviço é oferecido.

GLOSSÁRIO

Suspensão de Certificado – Suspensão do uso de um certificado digital por um período determinado de tempo. A suspensão de certificado digital não é permitida no âmbito da ICPBrasil.
Switch – Dispositivo que direciona pacotes em uma rede.

T

Template – Na especificação do *PKCS#11 (Cryptoki)*, um *template* é um vetor de atributos e é usado para criar, manipular e procurar objetos.
TRC (Teorema de Resto Chinês) – Este algoritmo, utilizado para resolver sistemas de congruências lineares, é muito antigo e foi inventado, independentemente, pelos chineses e pelos gregos, para resolver problemas de astronomia. O algoritmo chinês do resto tem este nome porque um dos primeiros lugares em que aparece é o livro *Manual de aritmética do mestre Sun*, escrito entre 287 d.C. e 473 d.C.
Tempo Universal Coordenado (UTC) – Escala de tempo adotada como padrão de Tempo Oficial Internacional, utilizada pelo sistema de Metrologia Internacional, Convenção do Metro, determinada e disseminada pelo *Bureau International des Poids et Mesures* BIPM, França.
Terceira Parte – i. É a parte que age confiante no teor, validade e aplicabilidade do certificado digital emitido por uma das AC integrantes da ICPBrasil. ii. Pessoa ou instituição que age com total independência de fabricantes, desenvolvedores, representantes comerciais, prestadores de serviços de certificação digital e de potenciais compradores de sistemas e equipamentos de certificação digital.
Termo de Responsabilidade – Termo assinado por uma pessoa física, que será a responsável pelo uso do certificado, quando o titular do certificado é uma organização. No termo, estão estabelecidas as condições de uso do certificado.
Termo de Titularidade – Termo assinado pelo titular do certificado digital emitido para pessoa física ou jurídica onde são estabelecidas as condições de uso do mesmo.
Termo Inicial de Fiscalização (TIF) – O documento que inicia o procedimento de fiscalização.
Texto Cifrado – Dado que foi criptografado. O texto cifrado é a saída do processo de criptografia e pode ser transformado novamente em informação legível em forma de texto claro a partir da chave de decifração.
Texto Claro – Dado que está no estado não cifrado ou decifrado.
Threadsafe – É um conceito de programação de computador aplicado ao contexto de programas *multithreaded*. Uma parte do código é *threadsafe* se funciona corretamente durante a execução simultânea para *threads* múltiplas. Em particular, deve satisfazer à necessidade para *threads* múltiplas para acessar os mesmos dados compartilhados e a necessidade para uma parte compartilhada dos dados ser acessada por somente uma *thread* de cada vez.
Timestamping – Vide Datação de Registros.
Tipo de Certificados – Na ICPBrasil estão definidos oito (08) tipos de certificados para titulares, classificados da seguinte forma: A1, A2, A3, A4, S1, S2, S3 e S4 e um tipo de certificado para Autoridades Certificadoras.
Titular de Certificado – São as entidades, pessoa física ou jurídica, para as quais foram emitidos certificados digitais. O titular do certificado possui a chave privada correspondente à chave pública contida no certificado e tem a capacidade de utilizar tanto uma quanto outra.
Token – i. Dispositivo para armazenamento do Certificado Digital de forma segura, sendo seu funcionamento parecido com o *smart card*, tendo sua conexão com o

computador via USB. ii. Em um *HSM (Hardware Security Module)*, um *token* é a visão lógica de um dispositivo criptográfico definido em *PKCS#11 (Cryptoki)*.

Topologia – Disposição física dos nós e dos meios de rede dentro de uma estrutura de rede corporativa.

Transporte de Chaves (K*ey Transport*) – Processo ou protocolo que possibilita que uma chave criptográfica simétrica compartilhada seja transferida aos participantes legítimos da entidade geradora para parceiros. Neste método, a chave é definida por uma das entidades e repassada para as demais.

Trilhas de Auditoria – i. Histórico das transações de sistemas que estão disponíveis para a avaliação com o objetivo de provar a correção de sua execução comparada com os procedimentos ditados pela política de segurança. ii. Rotinas específicas programadas nos sistemas para fornecerem informações de interesse da auditoria. iii. Conjunto cronológico de registros que proporcionam evidências do funcionamento do sistema. Estes registros podem ser utilizados para reconstruir, revisar e examinar transações desde a entrada de dados até a saída dos resultados finais, bem como para rastrear o uso do sistema, detectando e identificando usuários não autorizados.

Triple DES (3DES) – O 3DES é uma variação do DES, utilizando-o em três ciframentos sucessivos, podendo empregar uma versão com duas ou com três chaves diferentes. Seu tamanho de chave é de 112 ou 168 bits.

U

Unidade de Dado – No contexto da norma ISO 78164 representa o menor conjunto de bits que pode ser referenciado de forma não ambígua [ISO/IEC 78164].

URL (*Uniform Resource Locator*) – Um mecanismo padronizado para identificar e localizar certos cadastros e outros recursos localizados na *World Wide Web*. A maioria das URLs aparece na forma familiar de endereços de sites.

Usuário – i. Pessoa que utiliza certificado digital apresentado por um titular. ii. Papel de acesso que quando assumido por uma entidade usuária externa permite realizar serviços de segurança no módulo criptográfico após sua iniciação, incluindo operações criptográficas, geração de chaves criptográficas, o uso do sistema de arquivos, sobrescrita do valor de chaves criptográficas (*key zeroization*), etc.

Usuário Final – É uma pessoa física ou jurídica que possui um certificado digital. Sinônimo de Titular de Certificado.

V

Validação da Cadeia de Certificados – Consiste na verificação da validade do certificado, nomeadamente a data, assinatura e validade dos certificados que estejam na sua cadeia de certificação, até ao certificado de confiança.

Validade de LCR – Período de tempo em que a LCR está com sua data de validade operacional. As LCR possuem prazo máximo de validade de acordo com o tipo de certificado previsto na ICPBrasil.

Validade do Certificado – Período de tempo em que o certificado está com sua data de validade operacional. Os Certificados possuem prazo máximo de validade de acordo com o tipo de certificado previsto na ICPBrasil.

Verificação – Ratificação da identidade de uma pessoa física ou jurídica mediante a solicitação de certificado através de documentação apresentada pelo solicitante e da reconfirmação dos dados da solicitação.

Verificação da Validade do Certificado – Processo realizado por um destinatário ou terceira parte para confirmar que o certificado de um titular, usuário final, é válido e era operacional na data e hora que uma assinatura digital pertinente foi criada.

Verificação de Assinatura digital – Ação realizada para determinar com precisão que:
i. A assinatura digital foi criada durante o período operacional de um certificado válido por uma chave privada correspondente à chave pública contida no certificado e
ii. Que a mensagem associada não tenha sido alterada desde que a assinatura digital foi criada.

Vírus – Os vírus são pequenos segmentos de códigos programados, normalmente com más intenções, que têm a característica de se agregar ao código de outros programas. Assim que são executados, disparam o código maliciosamente alterado a fim de causar modificações indevidas no processamento normal do sistema em que este se encontra, causando (ou não) desde danos leves a irreparáveis.

VPN (Virtual Private Networks) – É definida como a conectividade de uma corporação e suas unidades através de uma infraestrutura compartilhada de comunicação com as mesmas características de segurança de uma rede privativa. Os nós são conectados por meio de recursos de uma rede pública de telecomunicações, utilizando criptografia e outros dispositivos de segurança para garantir que os dados dessa rede não serão interceptados.

Vulnerabilidade – É uma fraqueza em uma máquina, programa ou sistema que pode ser explorada por um agressor. Agressores procuram por essas vulnerabilidades para explorá-las como forma de tomar acesso ao sistema. Um bom administrador de redes se mantém informado e atualizado de todas as vulnerabilidades descobertas nos sistemas, para agir de forma rápida na correção daquelas que dizem respeito ao ambiente que administra.

W

Worms – São programas maliciosos semelhantes aos vírus, porém se diferenciam na forma de infecção e nos tipos de danos que podem causar.

X

X.509 – Recomendação ITUT, a especificação X.509 é um padrão que especifica o formato dos certificados digitais, de tal maneira que se possa amarrar firmemente um nome a uma chave pública, permitindo autenticação forte. Faz parte das séries X.500 de recomendações para uma estrutura de diretório global, baseadas em nomes distintos para localização. Na ICPBrasil utilizam-se certificados no padrão X509 V3.

Z

Zeramento de Chaves – Vide *Key Zeroization*.

Bibliografia

ALBERTIN, Alberto Luiz. *Comércio Eletrônico*. São Paulo: Atlas, 1999.

BASSO, Maristela. *Contratos Internacionais do Comércio*. Porto Alegre: Livraria do Advogado, 1998.

BASTOS, Celso Ribeiro e KISS, Eduardo Amaral Gurgel. *Contratos Internacionais*. São Paulo: Saraiva, 1990.

BENNATON, J. *O que é Cibernética?* São Paulo: Brasiliense, 1999.

DE LUCCA, Newton. "Contratos pela *Internet* e via computador. Requisitos de celebração. Validade e eficácia. Legislação aplicável. Contratos e operações bancárias". *RTRF 3ª Região*. Jan/mar/98, vol. 33.

DE LUCCA, Newton e SIMÃO FILHO, Adalberto (Orgs.). *Direito e Internet – Aspectos Jurídicos Relevantes*. Bauru: Edipro, 2000.

DINIZ, Davi Monteiro. *Documentos Eletrônicos e Assinaturas Digitais*. São Paulo: LTR, 1999.

DINIZ, Maria Helena. *Dicionário Jurídico*. São Paulo: Saraiva, 1998.

DOWNING, Douglas. *Dictionary of computer and Internet terms*. New York: Barron's, 1998

GOMES, Orlando. *Contratos*. Rio de Janeiro: Forense, 1999.

GRALLA, Preston. *How the Internet works*. Indianapolis, EUA: QUE, 1999.

IHERING, Rudolf von. *A Luta pelo Direito*. São Paulo/Bauru: Edipro, 2001.

JUNQUEIRA, Miriam. *Contratos Eletrônicos*. Rio de Janeiro: Mauad, 1998.

Juris Síntese Millennium – Legislação, Jurisprudência, Doutrina e Prática Processual. Porto Alegre: Síntese, 2000.

MELLAGI FILHO, Armando. *Mercado Financeiro e de Capitais*. São Paulo: Atlas, 1998.

OLIVO, Luis Carlos Cancellier. *Direito e Internet – A regulamentação do Ciberespaço*. Curitiba: UFSC, 1999.

OLIVEIRA, Cândido de. *Dicionário Mor da Língua Portuguesa* – São Paulo: Livro'mor Editora.

OPICE BLUM, Renato M. S.; BRUNO, Marcos Gomes da Silva; e ABRUSIO, Juliana Canha (Coords.). *Manual de Direito Eletrônico e Internet*. São Paulo: Lex Editora, 2006.

RUDGE, Luiz Fernando. *Mercado de Capitais*. Belo Horizonte: CNBV, 1996.

SCORZELLI, Patrícia. *A Comunidade Cibernética e o Direito*. Rio de Janeiro: Lumen Juris, 1997.

SILVA, De Plácido e. *Vocabulário Jurídico*. Rio de Janeiro: Forense, 1985.

VENTURA, Luis Henrique Pontes. *Noções Básicas de Contratos*. Uberlândia: Grupo Algar, 1996.

WRIGHT, Benjamin e WINN, Jane Kaufman. *The Law of Electronic Commerce*. New York: Aspen Law & Business, 1999.